DWI ♥ 'SGOTA

EMILY HUWS

GOMER

Argraffiad cyntaf—1994

ISBN 1 85902 022 4

℗ Emily Huws

Dymuna'r cyhoeddwyr gydnabod cymorth
Adrannau'r Cyngor Llyfrau Cymraeg.

Argraffwyd gan
J.D. Lewis a'i Feibion Cyf., Gwasg Gomer, Llandysul

DWI'N ♥ 'SGOTA

Mae hon i gofio
am
Arthur

1

Ydw, rydw i'n caru 'sgota.
FI: ARWYN
ENW LLAWN: Arwyn Wyn Elis
CYFEIRIAD: 3, Llwyn Bedw
GLANAFON
Gwynedd
Côd Post??????

Ym . . . ym . . . wel . . .

(Ddim yn cofio'r côd post. Wel, does dim posib cofio pob peth, nac oes? Does dim digon o le yn fy mhen i i gofio POPETH ac mae angen y lle sydd yn fy mhen i i gofio pethau llawer mwy diddorol na chôd post. Dyna rydw i'n ei ddweud beth bynnag.)

RHIF FFÔN: 778573. (0248) o'i flaen o os bydda i'n bell.
(PWYSIG ei gofio fo rhag ofn y bydda i eisio ffonio adref o rywle.)

DYDDIAD GENI: 30:6:85
OED: 8½

Mae 8 yn ddiddorol iawn. Wel, rydw i'n meddwl ei fod o'n ddiddorol. Roedden ni'n sôn amdano fo yn ein dosbarth ni un diwrnod— pawb yn dweud rhywbeth amdano.
'Mae o'n eilrif,
Mae o'n hanner 16.
Mae o ddwywaith gymaint â 4.
4 ydi ei hanner o.
Mae o ddau yn llai na 10.'
Dyna lle'r oedd pawb yn dweud pethau sych felly. Ddywedais i'r un gair o'm pen. Meddwl am ei lun o roeddwn i.
'Os torrwch chi 8 yn ei hanner . . .' meddwn i'n araf.

''Dach chi'n cael 4,' gorffennodd rhywun.
Gwylltiais.

'Nid dyna roeddwn i'n ei feddwl!' gwaeddais.
'Y siâp rydw i'n ei feddwl! Os torrwch chi'r siâp yn ei hanner 'dach chi'n cael llun het gowboi!'

Doedd y rhan fwyaf ddim yn deall hynny. Hurt, yntê?

Rydw i'n dyheu am fod yn 9. Pan fydda i'n 9 mae Mam wedi addo y bydda i'n cael croesi'r ffordd fawr ar fy mhen fy hun efo'r pelican. Rydw i'n cael croesi efo Anti Blod Lolipop i fynd i'r ysgol rŵan, ond mi fydd yn handi iawn cael croesi efo'r pelican: mi fedra i fynd i weld sut mae dŵr yr afon unrhyw adeg y bydda i isio wedyn.

ARWYN.

Hei! Mae hynna'n ddoniol! Croesi efo pelican! Swnio fel petawn i'n mynd am dro mewn sw yn tydi?!!!

HOFF FWYD: 1. Sosej, bîns a tships.

(Nain yn eu gwneud nhw i mi i ginio ar y slei pan fydd Mam yn gweithio yn y dydd. Rydan ni'n gofalu agor y drws a'r ffenest er mwyn i'r ogla fod wedi mynd cyn iddi hi ddod adref am ei bod hi ar ffit bwyd iach ar y funud, ffit sydd wedi para'n rhy hir o BETH MWDRADD os gofynnwch chi i mi. Does 'na neb yn trafferthu i ofyn i mi, BYTH.)

2. Cacen fwyar duon. (Byth bron yn cael un: Nain yn cwyno fod yr hadau yn mynd dan ei dannedd gosod.)

CACEN FWYAR DUON

ARWYN

10

HOFF DDIOD: Côc.

(Sleifio i'r siop i'w nôl o efo fy arian poced. Ddim yn werth y strach i adael i Mam fy ngweld yn ei yfed. Laru ar ei chlywed hi'n rhefru. Teimlo'n euog wedyn a dianc i'r 'stafell molchi: ysgyrnygu yn y drych a chraffu ar fy nannedd. Brysio i'w brwsio nhw.

wedyn rhag ofn iddyn nhw fynd yn stympiau bach duon anghynnes fel rhai Ian bach. Pur anaml y mae o'n yfed dim byd ond côc.

Hei! Dwi newydd feddwl! Mae hynna'n ddoniol! Ydi mae o!

'Brysio i'w brwsio!!!!'

Wel, dwi'n meddwl ei fod o'n ddoniol beth bynnag.

****

LLIW LLYGAID: Glas

*****

LLIW GWALLT: Brown

******
TALDRA: 1.34m

****
PWYSAU: 31kg

**** ***** ******
******* DDIM YN
BWYSIG. Sut un ydw i
tu mewn, nid sut un ydw
i tu allan sy'n bwysig,
yntê? Dyna ydw i'n ei
feddwl beth bynnag.

YSGOL: Ysgol Gynradd
Glanafon

HOFF BWNC YN YR
YSGOL: Does gen i
ddim un. Yn eu casáu nhw i gyd â chas per-
ffaith.

CAS BWNC YN YR YSGOL: POB UN

HOBÏAU: 'Sgota. 'Sgota. 'Sgota. 'Sgota.
'SGOTA.

UCHELGAIS: 1. Gefn dydd golau: dal brithyll
mawr, trwm.
Gefn nos: dal gwniadyn: clamp o un.

12

2. Mynd efo'r Clwb 'Sgota i bys-gota mewn cwch ar lyn.
3. Bod yn 'sgotwr da i gynrychioli'r Clwb yng nghystadlaethau Gwynedd.
4. CAEL PYSGOTA DROS GYMRU.

HOFF BETHAU: Genwair, bachyn, abwyd, pluen.

CAS BETHAU: John Stiw. (Wel, a bod yn fanwl gywir, mae'n siŵr mai nid PETH ydi o, ond person. Unwaith mi fûm i'n ddigon hurt i ddweud 'mod i'n ei gasáu o yng nghlyw Nain. Sôn am bregeth ges i: ei fod o'n dweud yn y Beibl 'Câr dy gymydog' a phethau felly. Hy! Mae'n hawdd iawn iddi hi ddweud peth felly. Dwi'n BERFFAITH siŵr nad oedd yna bobl fel John Stiw yn bod bryd hynny. Ond fel'na mae Nain yn siarad. Bechod, does ganddi hi mo'r help. Mae hi'n hen. Ond mae'n anodd iawn credu weithiau mai person ydi John Stiw.

ARWYN

JOHN

STIW

13

YDW, rydw i YN ei gasáu o â chas perffaith.
PAM?
Er ein bod ni'r un oed YN UNION,
a) Mae o yn fwy na fi.
b) Rydw i yn llai na fo.
MAE O'N:

1. Dwyn wyau adar.
2. Cam-drin pysgod aur: yn eu codi o'r dŵr efo'i
   fys a'i fawd ac yn mwynhau eu gweld yn
   gwingo gerfydd eu cynffon wrth ymladd am
   aer. Wedyn mae o'n plicio'r cen oddi arnyn
   nhw. Wir rŵan. Anghredadwy, yn tydi? Ond
   gwelais ef wrthi â'm llygaid fy hun pan
   oeddwn i'n digwydd edrych dros ben y ffens
   i'w ardd o i chwilio am fy mhêl-droed.
3. Yn piwsio Brandi, cath drws nesaf (yr ochr
   arall).
4. Yn pryfocio cŵn yn ddidrugaredd.
5. Yn gosod llyffantod ar y ffordd ac yn gobeith-
   io y byddan nhw'n cael eu gwasgu'n seitan
   gan gar.
6. Pan fydd o'n gorfod gwarchod ei frawd bach
   mae o'n:
   (a) ei dynnu o'r pram ac yn ei adael ar ochr y
       ffordd er mwyn iddo fo gael reid wyllt i
       lawr yr allt yn y pram.

   neu

   (b) roi'r babi ar ganol y lôn. FELLY, mae'r
       ceir yn gorfod stopio. FELLY, mae o'n

cael digon o amser i'w pledu nhw efo
cerrig.
7. Hen snich ydi o.
FEDRA I MO'I DDIODDEF O.

2

Ar ei dylluan felltith o roedd y bai. Tylluan y
John Stiw 'na. Mae o'n byw drws nesa.
Cadwodd y dylluan fi'n effro gefn nos. Cysgais
yn hwyr. Doedd gen i ddim amser i fynd at yr
afon i weld sut roedd y dŵr. Felly, es i weld
Twm Tacsis i ofyn oedd o'n mynd i 'sgota ar ôl
gorffen gweithio.

Mae Twm yn bysgotwr ardderchog. Mae o
wedi cynrychioli Cymru yn y treialon rhyng-
wladol yn yr Alban ac fe ddaeth o i'r Clwb
'Sgota i'n dysgu ni, y rhai ieuengaf, sut i wneud
plu. Mae o'n dweud fy mod i wedi ei holi o'n
dwll y noson honno a 'mod i wedi bod fel ddan-
nodd eisiau gwybod mwy a mwy am gastio ac
am bysgota pluen ac am hyn ac arall byth
wedyn. O dan ei draed o Sul, gŵyl a gwaith,
meddai fo. Ond os ydi rhywun eisiau gwybod
mwy am rywbeth, mae'n rhaid i rywun holi a
gwrando a gwylio. Dyna rydw i'n ei feddwl
beth bynnag. Ac rydw i eisiau dysgu mwy am
bysgota. Rydw i eisiau medru pysgota'n well.
O ydw!

15

I mewn â mi drwy'r cefn. Andros o sŵn i'w glywed. Golwg wyllt drybeilig ar Twm.

'Angel!' gwaeddodd pan welodd o fi. 'Angel o'r nefoedd! Angel mewn croen!'

Dwi a Twm yn fêts ... ond ches i 'rioed groeso fel yna o'r blaen. Fe'm synnwyd ormod i agor fy ngheg. Saethodd ei fraich allan, cydiodd yn llawes fy anorac a thynnodd fi i'r gegin.

'Aros efo nhw!' crefodd.

Nhw?

Tracy a Mandy, genod bach Twm Tacsis ac Elsi Posh Posh.

'Pawb arall yn prynu bwyd yn Kwiks, ond mae HI'n mynd i Safeways.'

'Pawb arall yn prynu dillad yn Ethel Austin a Poundstretcher, ond mae hi'n mynd i Marks and Spencers.'

'Fydd hi byth yn mynd i Bingo. Rhy goman iddi hi.'

Dyna fyddan nhw yn ei ddweud am Elsi. NHW. Y bobl sy'n gwybod popeth yn ein tai ni.

Dydi Elsi'n ddim byd tebyg i Twm.

TWM

1. Yn yfed te a choffi allan o fŷg BOB AMSER.
2. Yn rhoi joch o siwgr o'r bag papur yn syth yn yr hylif ac yn ei droi efo beiro ... neu bensil ... neu bin ffelt ... neu rywbeth arall fydd yn digwydd bod wrth law pan fydd o wrthi'n

16

gwneud ei gownts. (Dwi wedi'i weld o'n def-
nyddio sgriwdreifar hyd yn oed os bydd o'n
cael paned pan fydd o wrthi'n tincran efo'r
tacsi.)

3. Yn bwyta 'sgodyn a tships efo'i fys a'i fawd
yn syth o'r papur newydd fel y dôn nhw o'r
siop ac yn clertian ar y gadair wrth ymyl y
tân yn lle mynd at y bwrdd. Yn sychu'i geg
â chefn ei law neu efo'i lawes ar ôl gorffen.

4. Yn yfed lemonêd yn syth o'r botel.

5. Yn gadael papur newydd rywsut-rywsut ar y
setî neu ar lawr ar ôl gorffen darllen y tud-
alennau chwaraeon.

6. Byth yn malio os bydd ganddo ryw fymryn o faw neu olew ar ei ddillad.
7. Affliw o ots ganddo faint mae o'n ei bwyso.

ELSI

1. Yn sgrechian fod yn RHAID iddi hi gael te a choffi o gwpan A soser.
2. Byth yn cymryd siwgr (gormod o galorïau) ond yn mynnu cael llwy de yn sidêt ar y soser.
3. Os bydd hi'n bwyta 'sgodyn a tships, mae'n eu tynnu o'r papur, yn eu rhoi ar blât ar y bwrdd i'w bwyta efo cyllell a fforc ac yn sychu'i cheg efo cadach bach papur.

4. Yn yfed lemonêd o wydr tal efo talpiau o rew a chyrls tenau o groen lemon yn nofio ar ei ben o.

5. Bron iawn â chael sterics os na fydd pobman fel pin mewn papur. 'Mae lle i bopeth a phopeth yn ei le,' yw ei hoff eiriau hi.

6. Yn mynd i newid i sgert neu wisg lân y MUNUD y bydd smotyn BACH BACH o faw ar ei dillad.

7. Yn poeni'n OFNADWY os bydd hi wedi ennill mymryn bach o bwysau.

SAITH RHESWM

7 rheswm fod Elsi'n wahanol iawn i Twm. Dydi Twm ddim yn posh.

FELLY

7 rheswm pam fod Elsi'n posh.

7

Hei! Dwi newydd feddwl!!!!!!!!!!!!!!!!!!!!!!!!!!!!!!

Mae 7 yn odrif.
Mae 7 yn llai na 10 o dri.
Mae 7 yn fwy na 5 o ddau.
Mae 7 yn hanner 14.
Mae o'n draean 21.

Mae o'n chwarter 28.
Mae o'n . . .

O! FFLAMIA! Mae'n siŵr ei fod o'n lot o bethau sych eraill hefyd ond DYDI HYNNY DDIM YN BWYSIG.

DOES 'NA'R UN OHONYN NHW'N BWYSIG!

Beth sy'n BWYSIG ydi . . .

ydi . . . . .

YDI

EI FOD O'N RHIF . . .

EI FOD O'N RHIF

LWCUS!!!! LWCUS!!!! LWCUS!!!! LWCUS!!!! LWCUS!!!! LWCUS!!!!

LWCUS.

FELLY: FELLY:
                    FELLY:

HEI:

Ella y bydd Twm ac Elsi'n lwcus!

Ew! Braf arnyn nhw! Ond . . . .
Dwi newydd feddwl . . . .

20

Dwi'n gwybod be maen nhw eisiau—wel, beth mae Twm eisiau beth bynnag.

Os byddan nhw'n lwcus, beth amdana i??? BETH AMDANA I??????????

Hei! Mae'n well gen i beidio â meddwl am hynny.

Mae Elsi fel pin mewn papur bob amser, yn rhyw edrych i lawr ei thrwyn braidd. Gwneud i bobl deimlo fel petaen nhw'n drewi.

Dynes grand.

Ond doedd dim golwg grand arni hi rŵan. Edrychai'n chwyslyd ac yn flinedig. Cydiai mewn cês ag un llaw. Roedd y llall yn gafael yn ei bol mawr fel petai'n brifo.

'Brysia Twm!' meddai hi. 'Dwi ofn iddo fo ddod yn fan'ma!'

'Nain ar ei ffordd. Yma mewn chwinciad. Aros efo nhw nes daw hi!' meddai Twm. Rhoddodd ei fraich am ysgwyddau Elsi ac aeth â hi allan. Chwyrlïodd y tacsi ymaith a 'ngadael i efo NHW.

Tracy = Tair oed.

Mandy = blwydd a hanner.

Tracy yn eistedd ar y llawr o flaen y teledu yn rhythu ar y sgrin.

Mandy yn ei chadair uchel yn sgrechian crio. Sgrechian digon i frifo 'nghlustiau i, hollti 'mhen i. Fedrwn i ddim meddwl yn iawn.

Brysiais i chwilio am ddymi. Dyna fydd Twm yn ei wneud pan fydd o'n gwarchod: sticio dymi yn eu cegau nhw. Dim golwg o ddymi.

'Três, lle mae dymi Mandy?'

Três yn troi rownd yn ddistaw. Doedd ryfedd ei bod hi'n ddistaw: dymi yn ei cheg.

Mandy'n sgrechian yn uwch ac yn uwch. Ei hwyneb hi'n mynd yn gochach ac yn GOCH-ACH.

'Ti'n hogan fawr, Três,' meddwn i. 'Ti ddim isio dymi!'

Cipiais y ddymi o'i cheg. Stwffiais hi i ganol y bowlen siwgr a sticiais hi yn ogof fawr goch ceg agored Mandy.

TAWELWCH. Dim byd ond sŵn y teledu.

Whiw! Dyna braf.

Ond dyna Tracy yn troi'i chefn ar y teledu, yn codi ac yn edrych ar y drws.

'Mam?' meddai hi. 'Dad?'

Roedd hi'n gwneud ceg gam. Edrychais o'm cwmpas yn ffrantig. Dim golwg o ddymi arall. Ond roedd 'na fwyd ar y bwrdd. Roedd y genod yn eu cobanau. Doedden nhw ddim wedi cael brecwast.

Dechreuodd Tracy grio.

'Ty'd 'laen!' meddwn i wrthi. 'Eistedd ar y gadair 'ma. Yli beth sy 'ma:

Weetabix

Uwd

Frosties

Ricicls

Cocopops.'

Ond ysgwyd ei phen yn bwdlyd wnaeth hi.

'Isio Ready Brek!' meddai hi. Rhythodd arna i efo'i dau lygad mawr glas a gwthio'i gwefus isaf allan yn benderfynol. 'Isio Ready Brek!' meddai hi wedyn. A'r tro yma ychwanegodd yn gyfrwys, 'Neu rydw i'n mynd i grio!'

Yr hen gnawes fach!

Edrychais arni'n gas.

'Dwi'n medru crio mwy na Mandy!' meddai hi.

Doedd gen i ddim amheuaeth nad oedd hi'n dweud y gwir.

ARWYN

Fe wnawn i rywbeth, UNRHYW BETH rhag clywed y sŵn hwnnw eto.

'A' i i nôl Ready Brek i ti pan ddaw Nain,' addewais. 'Yli, ty'd i weld y cartŵns ar y teledu . . .' Edrychodd arna i fel darn o'r diafol.

'Isio Ready Brek RŴAN!' meddai hi ac agorodd ei cheg.

'Damia chdi, Twm! Yn 'y ngadael i efo'r rhain!' meddwn i'n uchel. Roeddwn i'n deall pam roedd o eisiau hogyn y tro yma. Fyddai'r ddwy yma byth yn tyfu'n ddigon call i fynd efo fo i 'sgota. Ond châi o byth eu dysgu nhw gan Elsi beth bynnag.

'Dwi wedi prynu genwair iddo fo'n barod,' meddai Twm y diwrnod y dywedodd o wrtha i fod Elsi'n disgwyl babi. Mynd i lawr Lôn Bragdy i lawr at yr afon roedden ni.

'Jôc!' chwerddais.

Ond roedd o'n berffaith o ddifrif. Wel, beth arall oedd i'w ddisgwyl ganddo fo ac yntau efo
DWI'N xxx 'SGOTA
ar ffenest gefn ei dacsi?

Diolch i'r drefn! Y munud hwnnw cyrhaedd-odd Magi gwraig Ned, mam Twm. Poerodd

Mandy y ddymi allan o'i cheg a dechrau gweiddi crio nerth esgyrn ei phen. Trodd Tracy sŵn y teledu'n uwch a dechrau sgrechian 'DWISIO READY BREK!' yr un pryd.

'Bendith iti, picia i'r siop i nôl peth iddi ar dy ffordd i'r ysgol neu cha i ddim llonydd,' ochneidiodd ei nain.

Roeddwn i'n falch o adael y tŷ. Rhedais i'r siop gan feddwl am yr enwair. Sut un oedd hi tybed?

Genwair dri darn, 3.7 metr o hyd, un garbon, rydw i eisiau. Rydw i'n cynilo hynny fedra i o arian er mwyn ei phrynu hi, ond dydw i ddim yn meddwl y medra i byth, byth, ei fforddio hi. Mae o'n dweud yn y llyfr *Pysgota* ges i o Glwb Sbondonics mai un rhwng tua 2.6 a 3 metr sy'n ddelfrydol. Mae hi'n ysgafnach nag un ffeibr wydr. Un A F T 5-7 ydi'r ora. Mi fedrwch chi ddefnyddio honno ar lyn neu afon.

Yn y bennod 'Pysgota Pluen' mae o'n dweud hynny. Mae yna luniau o'r plu yno hefyd ac mae o'n dangos yn fanwl i chi sut i wneud clymau a sut i gastio. Fy hoff lyfr i ydi o. Rydw i'n ei ddarllen o bob nos ac yn mynd i gysgu efo fo o dan fy ngobennydd. Mae Twm yn cytuno ei fod o'n un da. Rydw i wedi ei ddarllen o a'i ddarllen o er mwyn i mi gael dysgu mwy am bysgota ac wedi cael mwy o lawer na gwerth fy mhres ohono fo. Roedd o'n ANDROS o fargen.

Oedd o wedi prynu genwair felly i'r babi?
I'R BABI?

Fyddai babi ddim yn deall mai *Association of Fishing Tackle Makers* ydi ystyr y llythrennau arni siŵr iawn!

Dechreuodd ryw bigo bwrw fel roeddwn i'n cyrraedd at y siop. Gwych! Byddai mwy fyth o lif yn yr afon erbyn amser te. Roeddwn i YN gobeithio y byddai Twm yn mynd i 'sgota ac y byddwn i'n cael mynd efo fo. Roeddwn i'n cael mynd efo fo BRON bob amser. Roedd o'n falch fod gen i ddiddordeb, meddai fo. Roedd o'n cael pleser o'm rhoi i ar ben y ffordd, wel, ar waelod yr enwair!!! Dim ond genod oedd ganddo fo. Dim tad gen i. Ond . . . ond . . . fyddwn i'n cael mynd efo fo petai'r babi newydd yn hogyn?

'Siŵr o fod yn hogyn y tro yma!' Dyna ddywedodd Twm y noson o'r blaen.

'Pam?' gofynnais.

'Hwyr yn dod, yn tydi?'

'Felly?'

'Hogia bob amser yn hwyr. Dyna maen nhw'n ddweud.'

'Oeddwn i'n hwyr yn cael fy ngeni?' holais Mam.

Doedd hi ddim yn cofio'n iawn.

'Rhyw wythnos cyn pryd . . . dwi'n meddwl. Ond roedd Cari'n hwyr. Dwi'n cofio hynny'n iawn.'

'Ydi hogiau'n hwyr yn cael eu geni fel arfer?'

26

'Ydyn,' atebodd Nain.

'Nac ydyn,' atebodd Mam. 'Coel gwrach ydi hynna!'

Roedd nyrs i fod i wybod, yn toedd? Ac roedd mam yn nyrs. Ond byth wedyn roeddwn i wedi poeni a phoeni. Siawns y byddai'n cymryd amser go hir i fabi dyfu'n ddigon mawr i fynd i 'sgota?

Byddai siŵr iawn!

Doedd dim rhaid i mi feddwl amdano, nac oedd?

Ond roedd yn rhaid i mi feddwl am y dylluan yna oherwydd cefais gip ar y cawell cyn mynd i mewn drwy ddrws y siop ac roedd John Stiw i mewn yno o'm blaen.

3

John Stiw = John Stewart Lewis
Mab Kev,   CAR KEV

KEV

Hen ddyn annifyr. Byth yn gwenu. Bob amser yn surbwch. Ond y peth gwaethaf, Y PETH GWAETHAF UN yn ei gylch o, ydi ei fod o'n

llygru'r byd o'n cwmpas. Dwi'n gwybod. Dwi
wedi'i weld o'n gwneud. Dyna pam mae o mor
beth'ma efo fi mae'n siŵr.

Wedi mynd efo Twm i 'sgota i Ben y Geulan
roeddwn i. Doeddwn i'n cael fawr o hwyl arni
ar y pryd a phenderfynais fynd am ryw sgawt
fach draw ar hyd y llwybr ac at y lôn. Clywais
sŵn car yn stopio. Drwy'r coed gwelais ddyn yn
dod allan o'r car, yn tynnu bagiau plastig duon
yn llawn sbwriel o'r cefn ac yn eu dympio yn y
coed.

'Hei!' gwaeddais a rhedeg yno. 'Dydi hynna
ddim yn deg!'

Stopiais. Kev oedd o!

Edrychais ar y bagiau brau wedi hollti gan dywallt eu cynnwys rhwng bonion y coed. Eisoes chwythwyd papurach a phlastig ymaith i glwydo'n flêr rhwng brigau'r coed ac ymysg y drain.

Syllais ar y pentwr. Oedd. Roedd yna ormod i fynd i'r bin.

'Mae 'na sgip wrth ymyl Tai Isaf,' meddwn i'n araf ac yn betrus braidd.

'Rhy bell.'

'Rhy bell?'

'Fan hyn yn nes.'

'Ond . . .'

'Ond be?'

'Ond 'dach chi'n gwneud drwg wrth adael sbwriel yn fan'ma.

'Gwneud drwg? GWNEUD DRWG? Pa ddrwg?'

'Difetha lle tlws.'

'Hy! Roedd y sgip yn llawn . . .'

'Dolur llygad.'

'Twt lol!'

'Ac yn difetha bywyd gwyllt—a beth petai rhyw anifail yn llyncu'r plastig?'

Ond doedd dim ots gan Kev.

'Mi fyddai'r Glas ar eich ôl chi am adael y llanast 'ma!'

'Meiddia di ddweud 'run gair wrth neb! Meiddia di!'

'Mi fyddai'n waeth fyth petai o wedi llygru'r afon,' meddai Twm pan ddywedais wrtho. Mae o'n poeni'n ofnadwy am hynny. Mae mor hawdd i hylif cemegol o ffermydd a ffatrïoedd ddifa afonydd cyfan am filltiroedd ar filltiroedd. Ond roeddwn i'n andros o flin efo Kev. Diogi a dim byd arall oedd dympio'r sbwriel. Doeddwn i ddim yn credu am funud fod y sgip yn llawn. A hyd yn oed OS oedd hi, beth am y dymp?

Mewn hen dwll chwarel i fyny ar y mynydd mae lle arbennig i ddympio hen ddodrefn aballu—popeth rydach chi eisiau cael gwared ag o. I'r fan honno yr aeth Twm â hen setî flêr a chadeiriau Magi gwraig Ned pan gafodd hi rai newydd yn eu lle nhw. Os ydi Twm yn medru mynd i'r drafferth i fynd i fyny yno, pam na fedr Kev wneud 'run fath?

Ond un fel yna ydi o. Dydi o byth yn mynd â hen bapurau newydd a photeli i'w hailgylchu chwaith ac fe chwarddodd o am ein pennau ni pan glywodd o fod pawb yn y Clwb 'Sgota yn casglu'u hen welingtons.

'Banc welingtons wir!' wfftiodd. 'Am fanc!'

Ond mae o'n well na'r un banc arian os ydi o'n helpu i ddiogelu'r ddaear, yn tydi?

Mae Kev yn meddwl fod yr haul yn tywynnu o be-chi'n-galw John Stiw.

Fo ydi cannwyll llygad ei fam.

'Yr angel! Yr aur!' (Dyna mae hi'n ei alw fo.)

'Cythraul mewn croen,' (meddai pawb arall).
Mae o â'i gyllell ynof fi.
Pam?
Am 'mod i'n mynd i 'sgota efo Twm Tacsis.
Twm Tacsis = Gelyn pennaf Kev.
'Dwyn fy musnes i.'   Cwyn Kev.
'Mwy na digon o waith i ni'n dau.' Dadl Twm.
Ac mae Twm Tacsis yn dal mwy o bysgod na
Kev. Bellach mae o wedi rhoi'r gorau i bysgota.
Pam?
Am ei fod o'n methu dal dim byd!
A beth mae o'n ei wneud rŵan?

Hela.

HELA: Gair crand am ladd pethau diniwed
sy'n gwneud drwg i neb. (Mae o'n rhy
dwp i ladd pethau sy'n bla.)

Pwy sy'n dweud?
TWM!!!!!!!!!!!!!

Go brin bod y dylluan yn mwynhau bod mewn
cawell. Mae hynny'n sefyll i reswm.
Tylluan frech ydi hi. Mae John Stiw yn
DWEUD ei fod o wedi'i hachub hi. Syrthio o
nyth wnaeth hi, meddai fo. Mi fyddai hi wedi
marw'n gyw bach oni bai iddo fo DDIGWYDD
dod ar ei thraws hi pan oedd o allan yn hela
efo'i dad. MEDDAI FO.

31

Fetia i iddo fo ei dwyn hi o nyth. Fetia i. Roedd ei ddwylo fo a'i freichiau o'n gripiadau i gyd beth bynnag. Lwcus ar y naw na thynnodd yr hen dylluan ei lygaid o o'r gwraidd wrth iddo ysbeilio'r nyth ddyweda i.

Mae gen i biti mawr dros y dylluan druan yn cael ei chaethiwo allan o'i chynefin. Dyna ble mae hi mewn cawell yng ngardd gefn John Stiw, yn pendwmpian drwy'r dydd ac yn deffro'n wyllt fel mae hi'n nosi, y beth fach. Ac mae'n siŵr nad ydi'r ffaith fod ganddi ddigon o gwmni yn ddim cysur iddi chwaith. Mae cŵn hela Kev a daeargi John Stiw yno mewn cewyll hefyd, pob un yn cyfarth ei hochr hi pan glywan nhw unrhyw smic gan redeg i fyny ac i lawr ochr eu cawell yn wyllt wirion, yn dangos eu dannedd ac ysgyrnygu pan aiff rhywun heibio. Mae Jim, y daeargi, fel io-io i fyny ac i lawr o ben ei gwt yn crefu am sylw ac yn dyheu am gwmni yn aml. Bechod. Mae gen i biti drosto fo. Roeddwn i'n arfer aros bob tro roeddwn i'n mynd heibio iddo fo ac yn rhoi mwythau iddo drwy'r wifren ac yn cadw ambell fisgeden iddo weithiau pan fyddai John Stiw ddim o gwmpas i 'ngweld.

Ond unwaith roedd o'n rhydd pan oeddwn i'n mynd heibio. Doeddwn i ddim wedi gweld y dylluan cyn hynny ac arhosais i syllu arni. Ond yr eiliad nesaf bu'n rhaid i mi wibio oddi yno. Dyna lle'r oedd Jim yn dangos ei ddannedd ac yn ysgyrnygu'n fileinig arna i. Rhuthrodd amdana i gan ymosod ar fy nhraed. Cael-a-chael oedd hi i mi neidio oddi yno cyn iddo fy mrathu. Yr hen gena bach. Roedd o am frathu'r llaw fu'n ei fwydo am 'mod i'n busnesa yn ei libart o.

Ydyn, MAE Kev a John Stiw yn mynd â'r cŵn am dro.

Ydyn, maen nhw'n cael digon o fwyd a gofal da.

(Dyna maen nhw'n ei haeru wrth swyddog-ion y Gymdeithas Atal Creulondeb at Anifeil-iaid ar ôl i gymdogion laru ar y sŵn a chwyno wrthyn nhw.)

Ond 'run fath yn union mae gen i biti drostyn nhw.

Dwi'n gwybod nad ydi hi ddim yn braf ar y dylluan chwaith. MAE gen i biti drosti hithau'n aml, aml. Does ganddi hi ddim cwmni aderyn arall. Mae'n sicr o fod yn unig iawn.

Ond dydi hi ddim yn braf arna innau'n gorfod gwrando arni'n twhwtian TW WHIT TW HHWWWWWWWWWWWWWWWWWW!!!!

TW WHIT TW HWWWWWWWWWW!!!!!!!

TW WHIT TW HWWWWWWWW!!!! HW!!!!! HWWWWWWWWWWWWWWWWW WWWWWWWWWWWWWWWWWWWWWW WWWWWWWWWWWWWWWWWWWWWW WWWWW!!!

am oriau. Dyna pam:

1. Roeddwn i'n methu cysgu am hir iawn.
2. Roeddwn i'n hwyr yn deffro ac yn codi.

Dydw i'n cael fawr o gydymdeimlad pan fydda i'n cwyno amdani hi. Naci. Dydi hynna ddim yn wir. Dydw i'n cael DIM cydymdeimlad O GWBL.

Pam?

DAD

Ddim yma. Felly fedar o ddim cwyno, na fedar? Wedi sgidadlo. Diolch byth. Gwynt teg ar ei ôl o. Neb yn gwybod ble mae o a dim ots gan neb chwaith. Na. Dydi hynna ddim yn hollol wir. Mae ots gan Cari. Mi daliais i hi'n crio wrth agor ei chardiau pen blwydd. Doedd yna'r un gan Dad.

MAM

Gweithio shifft nos. Byth adra i glywed.

CARI

Yn cysgu yn y ffrynt. Dydi'r sŵn ddim mor ddrwg yno a hyd yn oed os ydi o, fyddai hi byth yn fy nghefnogi i efo DIM BYD. Fel'na mae chwiorydd.

NAIN

Yn fyddar fel postyn.

Felly, FI ydi'r unig un sy'n dioddef.

Ac rydw i YN dioddef.

Thawodd y dylluan ddim nes bod y wawr yn torri.

Chysgais i ddim nes y caeodd hi ei hen big creulon ac y distewodd sŵn ei chrafangau hi'n cydio yn y wifren.

Ddeffrais i ddim nes ei bod hi'n hwyr glas i mi fynd i'r ysgol.

Am 'mod i'n hwyr yr es i heibio i dŷ Twm Tacsis.

Mam Twm yrrodd fi i'r siop.

A . . .

a . . . a

mil a mwy o Smarties.

A dwn i ddim FAINT o bethau eraill.

Roedden nhw'n tasgu ac yn rowlio ar hyd llawr y siop pan agorais y drws. Gallwn eu clywed nhw'n sglefrio ar hyd y teils lliw uwd oherwydd ei bod hi'n dawel fel y bedd yno.

Na, dydi hynna ddim yn iawn chwaith. Fedra i ddim dweud hynna. Rydw i'n dweud celwydd gan na wn i ddim yn hollol pa mor dawel ydi bedd.

Sut mae'n bosib i mi wybod?

Dydw i ddim wedi bod mewn un, naddo?

Ond rydw i wedi bod ar lan un.

Fi a Huw dros y ffordd. Wedi mynd i'r fynwent roedden ni am ei bod hi'n ddiwrnod pen blwydd mam Huw. Doedd o ddim wedi prynu presant iddi hi am nad oedd ganddo fo ddim pres, felly fe aethon ni i chwilio ar y beddau i edrych oedd yna gynhebrwng wedi bod er

mwyn i ni gael blodau. Mi welson ni bridd coch a mynd yno, a dychryn am ein bywydau oherwydd daeth pen allan o'r twll.

Erbyn gweld, Wil Fynwent oedd o. Torrwr beddau ydi o.

'Ddim yn gwybod fod neb wedi marw,' meddwn i.

'Does 'na neb.'

'Pam 'dach chi'n torri bedd 'ta?'

'Rhywun siŵr o wneud.'

'Siŵr o wneud be?'

'Marw.'

'Ydach chi ... ydach chi ddim yn torri bedd jest rhag ofn ...'

'Nac 'dw.'

'Wel pam 'ta?'

'I mi fy hun.'

'YYYYYY?'

'Rhag ofn i chi farw????????????????????????'

'Dyna ti.'

'Ond ...?'

'Rhatach.'

'Be?'

'Torri bedd i mi fy hun. Dwi'n medru gwneud, yn tydw.'

'Ydach ... ond ...'

'A dwi'n siŵr o farw, yn tydw?'

'Wel ...'

'Yr unig beth mae PAWB yn SIŴR o wneud ... rywbryd ...'

'Ie?'

'Ie.'

'Ond . . .'

'Pan fydda i wedi marw fydd dim rhaid i Bet dalu, na fydd?'

'Bet?'

'Y wraig 'cw.'

'Talu?'

'Am dorri bedd.'

Fe aethon ni'n dau o'no ar flaenau'n traed.

'Codi arswyd,' meddai Huw.

'Codi'r dincod!' meddwn i.

'Doniol hefyd,' meddai Huw.

'Hmmm! Ia!' meddwn i.

A dyna ni'n dau yn edrych ar ein gilydd ac yn dechrau chwerthin rhyw dipyn bach ac wedyn dyna'r chwerthin yn byrlymu ac yn chwyddo'n fwy ac yn fwy. Fe anghofion ni bopeth am y blodau. Roedd hynny'n well beth bynnag. Cafodd Huw bres gan ei dad wedyn a phrynodd focs siocled i'w fam o'r siop ac roedd hi wrth ei bodd efo fo.

Felly, gan na cha i ddim dweud 'yn dawel fel y bedd', mae'n well dweud ei bod hi mor ddistaw y gallech chi glywed pin yn disgyn oherwydd:

1. Bod y cwsmeriaid i gyd wedi stopio siarad.
2. Bod hyd yn oed y cwpwrdd-oer-dangos-bwyd yn ddistaw.

3. Eich bod chi'n gallu clywed bod Siôn Siop
   newydd fod yn gweiddi. Roedd sŵn y gweiddi
   roedd o wedi'i wneud yn atseinio rhwng y
   waliau ac yn union fel y bydd o'n lapio papur
   sidan glân, gwyn, meddal am dorth, yn lapio
   o amgylch y:

tuniau ffrwythau a llysiau
tuniau bwyd ci a bwyd cath
tuniau bwyd babi a baco
pacedi bisgedi a chacennau
pecynnau clytiau babi
papur cegin a phapur tŷ bach,
papurau newydd
comics
cylchgronau
fferins
poteli
bocsys.

Roedd ei wyneb o'n fflamgoch. Cydiai un
llaw iddo ym mhen-ôl jîns John Stiw a'r llall
yng ngholer ei grys chwys. Daliai o â'i ben i
lawr a llifai'r holl fferins fel afonydd o'i bocedi.
   Ond nid pin glywyd yn disgyn. Fferins.
   Ar hynny pwy ffrwydrodd i mewn i'r siop tu
ôl i mi ond Carolyn Ann, mam John Stiw.

Dynes dew.
Pladras fawr gref.
Dynes efo gwallt melyn potel.
Dynes efo llygaid glas cas.

Dynes sorllyd.
Dynes flin.
Dynes yn ei slipars.
Dynes yn ei choban (o dan ei chôt).
Dynes bron â marw eisiau smôc.

Coch a glas.   Pinc a melyn.   Gwyn ac oren.
yn goch fel sanau Man U,
yn las fel crys Everton,
yn binc fel llygaid cwningen wen,
yn felyn fel haul, ·
yn wyn fel crys mewn hysbyseb sebon,
yn oren fel golau traffig.

Fflachiodd lliwiau papurau'r afalansh fferins
o flaen fy llygaid yn yr eiliad dawel, dawel.

YNA:

'MAM! MAAAM! MAAAAAAAAAAM!'
'Yr aur! Fy nghariad gwyn i??????????????'
'MAAAAAAAAAAAAAAM! Mae o am fy lladd i Mam!'
A dyna Siôn Siop yn rhoi sgytfa i John Stiw cyn ei sodro ar ei draed.
PLOP
     PLOP
       PLOP
         PLOP

MARS

DAU CARAMAC
BAR TAFFI

Yn syrthio o bocedi John Stiw ac yn llithro ar hyd y teils. Stopiodd y bar taffi yn union o flaen traed ei fam.

'Gollyngwch o! Gollyngwch o'r MUNUD YMA!'

'I'w hen ddwylo blewog o ddwyn mwy o'r siop, ie, Musus?'

'Dwyn? DWYN? Dydi fy Stewart i ddim yn dwyn!'

'O ble daeth yr holl fferins ar y llawr? O'i bocedi fo. A thalodd o ddim amdanyn nhw.'

'DYDI'N HOGYN I DDIM YN DWYN!'

'Be arall wyt ti'n ei alw fo ond dwyn?'

'Dwi'n mynd i alw'r Glas!'

'CHDI'n galw'r Glas? FI ddylai alw'r Glas!'

'Ond . . .'

'Cau dy hen geg fawr!'

C.D.D. gafodd John Stiw wedyn.

C.D.D.???????????

Mae Siôn Siop yn ddyn mawr cryf.

Mae ei draed o'n ANFERTH.

Gwisgai sgidiau ardderchog i gicio.

Ar ôl teimlo un ohonyn nhw o dan ei ben-ôl doedd eistedd i lawr ddim yn beth braf iawn i John Stiw wedyn dwi'n siŵr!!!!!!!!!!!!!!!!!!!!!!!

Roedd yn rhaid iddo godi POB UN o'r fferins a'u gosod yn ôl yn dwt ar y silffoedd (heblaw'r

Smarties oedd wedi dod allan o'r tiwb. Aeth y rheini'n syth i'r bin).

Ac wedyn . . . wedyn . . .

Rhedodd at ei fam. Fe gydiodd hi ynddo fo'n dynn. A dweud y gwir wn i ddim sut na chafodd o'i fygu gan ei bod hi mor dew a'i breichiau hi mor braff. Edrychai fel reslar yn cael ei wasgu gan octopws.

Pan welodd o'i fam, roedd John Stiw wedi dechrau crio.

Roedd o wedi sgrechian crio wrth godi'r holl fferins.

Ac wrth eu gosod yn ôl ar y silffoedd.

Ac roedd o'n dal i grio wrth roi ei freichiau am ganol ei fam a chydio ynddi'n dynn.

Bechod!

Ond doedd o ddim yn crio gormod i sylweddoli 'mod i wedi ei weld o'n crio ac eisiau mwythau gan ei fam chwaith. Doedd o ddim yn hoffi o GWBL 'mod i wedi'i weld o. Edrychodd yn fileinig i fyw fy llygaid i. Teimlwn yn oer iawn wedyn. Hen sinach bach ydi John Stiw a gwyddwn yn iawn ei fod o'n un sy'n dial. Dyna oedd ar fy meddwl i'r adeg roeddwn i'n rhedeg yn ôl i dŷ Twm efo'r Ready Brek yn fy llaw.

Roedd y genod yn dal i grio. Sodrais y paced
ar y bwrdd a sgrialu allan drwy'r drws. Roedd
yn well gen i hyd yn oed fod yn yr ysgol er y
byddwn i'n siŵr o'i chael hi am fod yn hwyr.

4

LLE: YR YSGOL
AMSER: 3.30 p.m.

CYMERIADAU: FY FFRINDIAU I.
JONES FAWR.
FI.

Jones Fawr = Ieuan Llwyd Jones = ein hathro
dosbarth ni = prifathro ein hysgol ni = sgilffyn
main, tal, tenau. Hawdd iawn cael cric yn eich

gwddw pan fyddwch chi'n sefyll o'i flaen o ac yn gorfod edrych ar ei wyneb o tra fydd o'n dweud y drefn. (Dwi'n gwybod achos 'mod i'n gorfod gwneud yn aml.) = rêl poen yn y pen-ôl. Yn rhefru am sgwennu taclus ac ymdrechu i wneud eich gorau glas drwy gydol yr adeg.

TYWYDD: WEDI BWRW'N GYSON DRWY'R DYDD. DECHRAU CODI'N BRAF RŴAN.

GWERS: Technoleg. (Wfft iddo fo!!!!!!)

FI: Pwy sydd i fod i ganu'r gloch?
HUW: Y . . .?
FI: Pwy sydd i fod i ganu'r gloch?
HUW: Pam ti'n siarad dan dy ddannedd?
FI: Cadw dy lais i lawr! Ofn i Jones Fawr glywed.
GETHIN: Pam?
FI: Ti'n gwybod sut mae o . . .
HUW: Cau dy geg 'nei di. Dwisio gorffen hwn.
FI: Gei di ei orffen o fory.
HUW: Be 'di'r brys?
FI: Dwisio mynd adra.
GETHIN: Cau dy geg. 'Dan ni isio gludo hwn iddo fo gael sychu heno.
JONES FAWR: Be 'di'r broblem, hogia?

45

HUW: Dim byd, Syr. Dim byd! 'Dan ni'n
            iawn! Wir rŵan!
GETHIN: Pam na fasat ti'n gadael iddo fo
            roi'r pwli yna yn ei le?
HUW: Jôc! Ti'n gwybod mor drwsgl ydi o.
            Ddim isio difetha'r model.
FI: Ond mae'n amser mynd adra!

(NEB YN CYMRYD SYLW. *PAWB* YN F'AN-
WYBYDDU'N GYFAN GWBL.)

FI: (yn ddistaw bach, wrthyf fi fy hun
            yn fy mhen) Ond os bydd y gloch yn
            hwyr mi fydd y plant sy'n dal bws
            yn ei golli fo.

******Plant yn colli bws = strach = eu rhieni
nhw'n cael panics ac yn ffonio i ofyn ble maen
nhw = Jones Fawr yn 'laru ar orfod ateb y ffôn.
Dim bws arall am hir = Jones yn gorfod eu
danfon nhw = Jones o'i go'n las oherwydd fod
ganddo fo fwy na digon o waith i'w wneud yn
barod.

AAAAAAAA
      RYDW I ISIO MYND ADRA!

   Dydi affliw o ots gen i am y model o felin wynt
rydan ni i fod i'w wneud.

46

Does gen i ddim diddordeb mewn gwynt.
DŴR sy'n bwysig i mi.

AAAAAAAAA

DWISIO GWELD SUT MAE'R DŴR YN YR AFON ERBYN HYN.

FI: (yn dal fy ngwynt heb wybod sut roedd Jones Fawr yn mynd i ymateb oherwydd
               1. Gallai ddweud y drefn fy mod i'n gwylio'r cloc yn lle canolbwyntio ar fy ngwaith.
               2. Gallai ddweud yn goeglyd ei bod yn biti na fyddwn i mor awyddus i weithio ag oeddwn i i fynd adref.
               3. Gallai fod yn falch fy mod yn tynnu'i sylw at yr amser oherwydd ******)
               Syr! Syr! Mae'n amser canu'r gloch!
JONES: (Yn cynhyrfu'n lân) Pwy sy'n gyfrif-ol am ganu'r gloch heddiw?
     (Yr hogia'n dal ati efo'r model heb godi'u pennau. Rhai eraill yn dal ati i beintio. Un neu ddwy o'r genod wrthi'n dechrau clirio'r byrddau. Neb yn cymryd sylw o Jones Fawr.)

PWY SY'N GYFRIFOL AM GANU'R GLOCH?

STEP   (Dyna ydan ni'n ei alw fo am fod
HEN: yna Steven arall yn y dosbarth ac

	mae'n arbed strach i ynganu fel 'dach chi'n sillafu.)
FI:	Gwenan, Syr, ond dydi hi ddim yma heddiw.
JONES:	(yn ffrwydro fel bom) Oes 'na NEB efo digon yn ei ben i ganu'r gloch yn ei lle hi?
FI:	Mi a' i, Syr!

SŴN CLOCH YSGOL YN CANU.

Canu?
  Canu = pleser i'r glust.
       = sain hyfryd sy'n swyno.
       = rhoi boddhad i'r sawl sy'n gwrando.
Felly,
                      felly,

NID, YN BENDANT *NID*, canu mae'n cloch ni.

Seiren ydi hi,
seiren yn gwneud
                sŵn aflafar,
                sŵn byddarol,
                sŵn ansoniarus,
            sŵn syrffedus i'r glust,
(Syrffedus?)
Nage.
         Poenus, gwirioneddol boenus.
  Dwi wedi gweld hen bobl yn cerdded heibio i'r ysgol yn tynnu eu hetiau a'u capiau dros eu clustiau. Do, wir rŵan.

Sŵn yn gwneud i bob asgwrn yn eich pen chi
frifo,

sŵn yn gwneud i gŵn yn byw wrth ymyl yr
ysgol ddechrau udo,

sŵn yn gwneud i'r cathod fydd yn cysgu ar geir
yr athrawon rusio.

Ond rydan ni'n dal i ddweud CANU'r gloch!!!

Ac wedi gwneud hynna, neidiais allan drwy'r
drws. Fi oedd y cyntaf un allan o'r ysgol, yn
gyflymach na'r un milgi o gawell cychwyn ar
ddechrau ras. Mi faswn i'n codi cywilydd ar bob
un ohonyn nhw.

Es i ddim allan drwy'r giât ac i'r lôn. Rhedais
nerth fy nhraed ar draws yr iard er mwyn
neidio dros y wal yn y pen draw, er mwyn i mi
gael mynd at yr afon ynghynt.

Hanner ffordd ar draws yr iard.

SŴN

(ffenest yn agor)

JONES: ARWYN!
FI: Fi, Syr?
JONES: Oes 'na Arwyn arall yn yr ysgol
          'ma?
FI: Wn i ddim, Syr.
JONES: Be ti'n feddwl, wyddost ti ddim?
          Wrth gwrs dy fod ti'n gwybod.
FI: Wel . . .
JONES: Ty'd yn ôl i glirio!
FI: Iawn, Syr.

49

(Dwi'n meddwl fod yn well i mi beidio â dweud beth roeddwn i'n ei dantro o dan fy ngwynt tra oeddwn i'n clirio'r papurau oddi ar y byrddau, yn cadw'r paent, yn golchi'r brwshys.) Fe adawa i le gwag yn lle hynny.

JONES: Iawn, gei di fynd rŵan.
FI: (o dan fy ngwynt) Diolch yn dalpiau. Diolch am ddim byd!

Ar draws yr iard, dros y wal ac at yr afon. Dŵr llwyd, llwyd—a hwnnw'n chwyrlïo'n braf at ben y dorlan.

HWRÊÊÊÊÊÊÊÊÊÊÊ!!!!!!!!!!!!!!!

Cerddais ar hyd llwybr glan yr afon a phan oeddwn i ar fin troi oddi arno i fynd adref ar hyd Lôn Bragdy, pwy ddaeth i'm cyfarfod ond John

Stiw. Roedd o'n dod i lawr o gyfeiriad coed Plas y Glyn a'i ddaeargi'n dynn wrth ei sodlau. Chymerodd o ddim sylw ohonof i am ychydig ac roeddwn i'n meddwl 'mod i, am unwaith, yn mynd i gael llonydd ganddo fo. Ond fel roeddwn i'n mynd heibio, saethodd ei droed allan yn slei. Baglais.

'Pryd ti'n mynd i ddal 'sgodyn, 'ngwas i?' galwodd mewn llais gwawdlyd, mwythlyd. ''Runig beth fedri di ei ddal, 'te? Fedri di na'r Twm Tacsis yna ddim hyd yn oed dal cwningen! A fasech CHI ddim yn medru saethu llwynog— heb sôn am ladd 'sgwarnog!'

'Ddim isio lladd dim byd, diolch yn fawr,' meddwn i. 'Pawb isio byw.' Ond siaradais o dan fy ngwynt. Doedd 'na ddim golwg o neb arall a doedd arna i ddim eisiau dwrn o dan fy ngên gan John Stiw. Doedd arna i ddim eisiau dioddef am oriau yng nghadair y deintydd ac mae arna i angen fy nannedd i gnoi fy mwyd neu thyfa i byth yn ddigon cryf i fedru halio eog trwm mewn rhwyd o'r afon, yn na wnaf?

Wrth weld y dŵr mor wych roedd fy nhu mewn i wedi cynhesu i gyd. O! Gobeithio y cawn i fynd i 'sgota heno.

Ond wrth sylweddoli ble'r oedd John Stiw wedi bod teimlais fy nhu mewn i gyd yn oer fel rhew.

5

Dŵr llwyd yn yr afon + John Stiw yn dod o goed Plas y Glyn = mynd i weld Twm Tacsis. AR FRYS.

'Oedd o gartref?

'Oedd! Roedd y tacsi o flaen y tŷ. Ond fel roeddwn i'n mynd i mewn drwy'r giât, daeth Twm allan.

'Elsi?' gofynnais.

'Dal i mewn. Dim byd byth!'

'Twm! Twm! Mae'r afon yn uchel a'r dŵr yn llwyd, llwyd!'

'Ond mae'n rhaid i mi fynd i'r dre. Traed.'

Deallwn yn iawn. Yn y tacsi mae Twm yn cael cario 4 person. Dyna mae'r drwydded ar y cefn yn ei ddweud. Mi fydd o'n aros ar y Maes yn y dref i rywun ddod ato i'w logi. Mi fydd o'n derbyn galwadau ar y ffôn ac yn mynd i godi pobl. Ond mae ganddo fo hefyd gwsmeriaid rheolaidd y bydd o'n eu codi nhw bob wythnos neu bob pythefnos efallai.

Yn eu mysg nhw mae:

Hen wraig fach dawel yn mynd i'r llyfrgell. Storïau ias a chyffro mae hi'n eu hoffi orau. Mwyaf yn y byd o waed ac arswyd, gorau yn y byd.

Dynes grand grand yn mynd â'i phwdl i gael torri'i wallt.

Hen jolpan sy'n meddwl ei bod hi'n sâl yn mynd at y doctor. (Dydi hi ddim yn sâl nac yn hen, dim ond hurt. Meddwl ei bod hi ar farw pan fydd hi'n tisian. Meddwl fod arni angen tynnu'i phendics pan fydd ganddi bigyn yn ei hochr. Meddwl ei bod hi'n dioddef o lid yr ymennydd pan fydd ganddi gur yn ei phen. Meddwl ei bod hi'n mynd i waedu i farwolaeth pan fydd y gath wedi cripio cefn ei llaw.)

Dynes yn mynd i chwarae bingo. (Ei gŵr hi'n erbyn bingo yn ofnadwy, felly mae hi'n rhoi tabledi cysgu yn ei fwyd amser swper, a dydi o byth yn deffro nes y bydd hi wedi dod adref. Felly dydi o ddim callach iddi hi adael y tŷ.)

Dyn yn mynd i nôl tships dair noson yr wythnos am fod ei wraig o'n hen hulpan rhy ddiog i wneud swper.

Dynes dew, drom ddigon ANFERTH i orfod talu am ddwy sedd ar y bws. Tacsi Twm yn hwylusach a fawr drutach iddi fynd i Tesco bob dydd Gwener i brynu'r holl fwyd mae hi'i angen.

Dyn yn mynd i le'r bwci i fetio ar y ceffylau ac ofn i rywun ei weld.

Hogyn y mae ei rieni'n meddwl ei fod yn ei lofft yn gwneud ei waith cartref ond mae o'n sleifio allan drwy'r ffenest i fynd i ffidlan efo peiriannau hap chwarae.

Geneth sydd i fod yn ei hystafell yn ymarfer y delyn ond mae hi'n gadael tâp ymlaen tra mae hi'n picio i'r *Take Away*.

Mynd â hen wraig at y co cyrn roedd o p'nawn 'ma. Neidiodd i'r tacsi a chau'r drws yn glep.
'Ond Twm! Fe welais i John Stiw a'r daeargi yn dod o goed Plas y Glyn!'
'Beth ddywedaist ti?'
'Deud 'mod i 'di gweld . . .'
'Yli! Mae'n RHAID i mi fynd! Ty'd efo fi!'
'Ond . . .'
'Ty'd laen! Gei di ddeud yr hanes tra byddwn ni ar y ffordd a mynd i nôl cynrhon tra bydda i'n aros.'
'Iawn!'
'Neidia i mewn.'
'Ond does gen i ddim byd i ddal y cynrhon.'
Yn y twll yn rhywle yn y tu blaen cafodd Twm hyd i'r bocs plastig crwn efo tyllau yn y caead. Taflodd o i mi.

'Pryna werth 50c yn unig,' meddai gan roi darn £1 a darn 50c i mi. 'Does dim isio gormod. Peryg na chawn ni ddim llawer o amser i fynd at yr afon efo'r babi 'ma. Well i ni'u cael nhw'n ffres os daw cyfle. A dos i brynu rhywbeth i'w gnoi efo'r newid!'

'Diolch, Twm.'

Gollyngodd fi wrth y goleuadau traffig dros y ffordd i Kwiks. Roedd yn rhaid iddo aros gan eu bod nhw'n goch. Brysiais a llwyddo i groesi efo criw o bobl.

'Tu allan i'r post!' galwodd Twm wrth chwyrnellu ymaith a'r hen wraig yn cydio'n dynn yn ei bag ar ei glin o'i blaen yn y cefn. Brysiais i'r siop 'sgota a rhoi'r bocs cynrhon dros y cownter. Gwyliais y dyn yn codi'r cynrhon yn y llwch llif efo'r sgŵp ac i ffwrdd â fi allan ar ôl talu amdanyn nhw.

Piciais i'r siop drws nesaf i brynu taffi i mi fy hun a Fferins Ffrind Pysgotwr i Twm. Am ei fod o'n anghofio'i welingtons yn aml mae'n gwlychu'i draed o hyd ac mae ganddo wastad annwyd.

'Beth ddwedaist ti am hogyn Kev?' holodd Twm pan oeddwn i'n ôl yn eistedd wrth ei ochr yn y car. 'Lle'n hollol oedd o?'

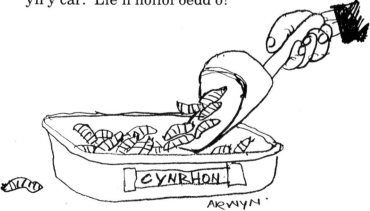

'Ar y llwybr gyferbyn â Llyn Llam yr Eog.'

Edrychais yn bryderus ar Twm. Ddywedodd o'r un gair am funud, dim ond cnoi'i wefus isaf. Dyna fydd o'n ei wneud pan fydd o'n meddwl yn galed, galed.

'Wyt ti'n meddwl ei fod o wedi gweld y ddaear, Twm?'

Ar hynny, daeth yr hen wraig allan drwy ddrws lle'r co cyrn. Cerddai'n simsan gan bwyso'n drwm ar ei ffon. Neidiodd Twm allan i afael yn ei braich ac i agor drws y car. Ar ôl ei setlo hi a'i ffon a'i bag yn y cefn rhoddodd glep ar y drws a dod yn ôl i sedd y gyrrwr.

Ar y ffordd adref roedd o'n sgwrsio efo'r hen wraig. Hi'n dweud hanes ei chyrn wrtho fo ac yntau'n cydymdeimlo â hi ac yn sôn am fynions Magi gwraig Ned. Ond er ei fod o'n gyrru'r tacsi ac yn sgwrsio, gwyddwn yn iawn ei fod yntau'n meddwl am y ddaear hefyd. Doeddwn i ddim yn meddwl y medrwn i byth anghofio'r noson y gwelais i'r ddaear am y tro cyntaf.

6

Y tro cyntaf y ces i fynd efo Twm i 'sgota yn y nos oedd hi. Roedd hi'n noson olau leuad braf a ninnau wedi cerdded yr holl ffordd i lawr Lôn Bragdy ac i fyny llwybr glan yr afon, heibio i Lyn Llam yr Eog yn yr afon ac ymlaen nes cyrraedd Pwll Trobwll cyn rhoi'r bagiau i lawr a rhoi'n genweiriau efo'i gilydd.

'Gwylia di rhag i'r lein fachu yn y coed 'na!' rhybuddiodd Twm.

Dyna pryd y clywais i'r sŵn.

Dychrynais am fy mywyd.

Teimlais wallt fy mhen yn codi'n araf. Y munud hwnnw hefyd dewisodd y lleuad guddio tu ôl i gwmwl reit ddu. Tywyllodd pobman yn sydyn. Ar y cychwyn pan gerddon ni i lawr Lôn Bragdy a gadael golau melyn y stryd yn y pentref roedd arna i ychydig bach o ofn y tywyllwch. Doeddwn i'n gweld affliw o ddim. Wyddwn i ddim ble'r oeddwn i'n mynd yn iawn. Ond cyn bo hir roedd fy llygaid wedi arfer â'r tywyllwch. Doedd hi ddim mor dywyll â hynny wedi'r cwbl. Roedd hi'n noson olau leuad. Ond y munud hwnnw diflannodd y golau a chlywais y sŵn ac roedd o'n waeth o lawer heb olau'r lleuad. Doedd yna ddim llawer o sêr yn sgleinio yn yr awyr chwaith. Doedd eu golau nhw'n ddim help o gwbl yno yng nghanol y coed beth bynnag.

'Twm! Twm . . . be 'di'r sŵn 'na?' sibrydais yn ofnus.

Chynhyrfodd Twm ddim o gwbl. Daliodd ati i roi'r enwair at ei gilydd.

'Dim ond rhyw greadur yn y coed.'

Ond roedd y sŵn yn dod yn nes. A'r munud hwnnw llithrodd y lleuad o gysgodion y cwmwl a disgleiriodd dros y wlad gan ddangos pobman mor glir â phetai'n hanner dydd yn hytrach na hanner nos. Edrychais dros f'ysgwydd a . . . dyna lle'r oedden nhw.

Moch daear.

Mam a dau fach. Cydiais ym mraich Twm. Safodd y ddau ohonom ni'n llonydd, llonydd gan eu gwylio'n symud drwy'r coed, y ddau fach yn rowlio chwarae a'r fam yn rhoi ambell bwniad iddyn nhw i fynd o dan ei thraed. Yna, arhosodd hithau am ychydig i snwffian rhwng bonion y coed a chwaraeodd y ddau fach hynny fynnen nhw. Roedden nhw'n ddigon o sioe.

Yn ddifeddwl symudais. Sathrodd fy nhroed frigyn.

Clec!

Fferrodd y darlun o flaen fy llygaid am eiliad fer, fer. Yna, llithrodd y tri yn ôl i'r coed.

'Mae 'na ddaear yna'n rhywle! Siŵr o fod!' meddai Twm.

A'r tro nesaf yr aethon ni yno i 'sgota gefn dydd golau fe aethon ni i chwilio am y ddaear a chael hyd iddi.

'Dim gair wrth NEB!' rhybuddiodd Twm. 'Mae 'na rai pobl yn eu hela nhw.'

Roeddwn i'n ddistaw iawn. Gwyddwn yn iawn pwy roedd o'n ei feddwl. Cyfrinach Twm a fi oedd y ddaear. Soniais i ddim gair wrth neb. Ond roedd arna i ofn mawr bob tro y byddwn i'n meddwl am John Stiw yn mynd â'i gi am dro i rywle yn ymyl coed Plas y Glyn.

7

'Dos adref. Mi ffonia inna'r ysbyty. Os ydi popeth yn dal yn iawn, mi awn ni at yr afon am ryw awr neu ddwy ar ôl te,' meddai Twm.

Cydiais yn y bocs cynrhon ac i ffwrdd â mi.

Clep! Caeais y drws cefn ar f'ôl.

'Arwyn! Aaaarrwyn!'

Ochneidio. 'Ie, Nain?'

'Lle ti 'di bod?'

'Nunlle, Nain.'

'Peidiwch â gwrando arno fo, Nain. Mae o'n dweud celwydd.'

'Nac 'dw wir, Cari.' (A brysio i daro'r bocs cynrhon yn yr oergell yn slei bach.)

'Rwyt ti'n hwyr yn dod i nôl dy de. Mae'r bwyd yn difetha. Ty'd at y bwrdd ar unwaith.'

'Iawn, Nain.'

'Dos i olchi dy ddwylo.'

'Iawn, Nain.'

'Golcha nhw'n lân, cofia.'

'Iawn, Nain!'

I fyny'r grisiau. Golchi 'nwylo. I lawr yn ôl.

'Paid â llowcio bwyta.'

'Iawn, Nain.'

Ond dal ati i lowcio bwyta.

Wedyn dechreuodd Cari gega 'mod i'n mynd i 'sgota ac y byddwn i'n dod yn ôl yn drewi a bod ogla pysgod hyd yn oed yn y llofft a 'mod i'n gadael mwd yn y 'stafell molchi.

Roeddwn i wedi hen arfer. Roedd yn ddigon hawdd peidio gwrando. Meddwl am rywbeth arall, dyna oedd y tric. Meddyliais am sŵn y dŵr yn byrlymu dros y cerrig, y gwynt yn siffrwd yn nail coed Plas y Glyn, yr abwyd ar flaen y lein yn sboncio drwy'r dŵr, y plwc BEN-DIGEDIG ar yr enwair, y brithyll yn swalpio ac yn sgleinio ar y dorlan . . .

A medrwn ddioddef pob dim. Doeddwn i ddim yn y gegin. Ar lan yr afon roeddwn i . . .

Gorffennais fwyta. Roedd Nain yn rhefru fel tiwn gron a Cari'n flin am fod arni eisiau llonydd i wylio *Neighbours*. Ond cyn setlo ar y setî fe aeth hi i nôl afal o'r oergell. SGREEEEEEEEEEEEEECH!!!!!!!!!!!!!!!!!!!!

Meddwl fod y bochdew allan o'i gawell wnes i. Chynhyrfais i ddim o gwbl. Ond brysiodd Nain yno wrth gwrs. Do siŵr. Fyddai hi ddim wedi cynhyrfu o gwbl petawn i wedi sgrechian fel yna . . . Yn araf bach, es atyn nhw.

Gwelais beth oedd yn bod.

Roedd drws yr oergell ar agor a dyna lle'r oedd y tu mewn i gyd yn fyw! Cynrhon bach gwyn yn gwingo ar y

caws (braster isel)

menyn, (Nain yn GWRTHOD popeth arall ar frechdan)

margarîn,

iogwrt (naturiol),

llefrith (hanner sgim),

sudd oren,

orenau,

gellyg,

bananas,

letys,

tomatos,

wyau,

ac ar yr

AFALAU!!!

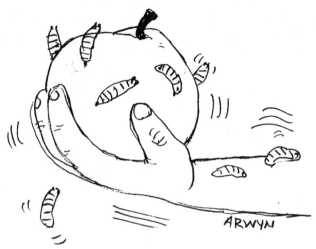

ARWYN

Ac roedd Cari wedi gafael mewn afal. Wedi cydio ynddo fo heb edrych arno fo'n iawn a dyna lle'r oedd y cynrhon yn dringo ar hyd cefn ei llaw ac yn cropian i fyny ei braich hi.

Wyddai hi ddim beth oedden nhw. Genod!

Roedd hi am fy ngwaed i, hi a Nain. Deffrôdd Mam wrth glywed yr holl sŵn ac roedd hithau'n flin fel tincer efo fi hefyd. Fe gymerodd hydoedd i mi godi pob un yn ôl i'r bocs plastig.

'Lle buost ti? Gwastraffu amser prin,' cwynodd Twm pan gyrhaeddais yno o'r diwedd. Chwerthin wnaeth o pan ddywedais yr hanes. Doeddwn i ddim yn gwenu hyd yn oed: doedd o ddim yn beth braf gorfod hel y cynrhon i gyd yn ôl i'r bocs . . .

Agorais ddrws cefn y tacsi a rhoi

yr enwair, (hen un efo rîl a lein a bachyn arni gefais i gan Twm),
y bocs cynrhon,
rhwyd,
bag plastig Kwiks (i ddal y pysgod fyddwn i'n eu dal),

ar y llawr yn y cefn.

Clep! Caeais y drws. Agorais y drws ffrynt a neidio i mewn wrth ochr Twm. Cael-a-chael oedd hi i mi gau'r drws ac ymbalfalu am y belt. Roedd o wedi tanio'r injan yn barod ac fel roeddwn i'n cau'r drws, symudai'r tacsi. Mewn dau chwinc roedden ni wedi chwyrlïo o'n tai ni ac yn ceisio ymuno â llif traffig y ffordd fawr. Yno y buon ni am hydoedd. Roedd hi'n amser i bobl fynd adref o'u gwaith ac roedd traffig trwm yn dod o gyfeiriad y dref. Dyna lle'r oedd Twm yn pwyso'i freichiau ar y llyw ac yn syllu i lawr y ffordd yn ddiamynedd gan geisio bachu'i gyfle i lithro i mewn i ganol yr afon drafnidiaeth. Dyna lle'r oedd o'n tisian ac yn tagu ac yn chwythu'i drwyn, gan regi a rhwygo o dan ei wynt o hyd.

Roedd arna i hanner ofn ein gweld ni'n neidio allan o dan drwyn rhyw lorri fawr ac yn cael tolc. Crafais fy mhen i feddwl am rywbeth i'w ddweud er mwyn symud ei feddwl.

'Twm, dwi'n meddwl eu bod nhw'n hela heno.'

'O!'

'Dydi'r cŵn ddim yna.'

'Cŵn?'

'Cŵn hela Kev, na Jim.'

'Jim?'

'Daeargi John Stiw. Lle ti'n meddwl maen nhw, Twm?'

'Yn hela?'

'Ie. Ti'n meddwl eu bod nhw yng nghoed Plas y Glyn?'

'Pam fanno?'

'Gweld John Stiw yno.'

'Ella wir. Digon o gwyno fod pobl 'di colli ieir.'

'Hela llwynogod?'

'Dyna ti. Trio'u cadw nhw i lawr rhag iddyn nhw fynd yn rhemp.'

'Lladd ŵyn bach a dwyn mwy o ieir?'

'Dyna ti.'

'Hynny'n iawn, yn tydi, Twm?'

'Ydi'n tad. Kev a'i griw yn gwneud cymwynas â ffermwyr.'

'Ond Twm?'

'Be sy rŵan?'

'Be 'tasan nhw'n gweld y ddaear? Beth petaen nhw'n lladd y moch daear?'

'Mae hynny yn erbyn y gyfraith.'

'Ydi. Dwi'n gwybod. Ydi Kev yn gwybod? Oes ots gan Kev?'

'Yli, paid â phoeni. Mynd i 'sgota ydan ni, iawn?'

Meddyliais pam roedd Twm yn hoffi 'sgota.

Tawelwch.

Dim 1. Sŵn traffig. 2. Sŵn plant yn crio. 3. Sŵn Elsi'n hewian.

Caeais fy ngheg. Doedd arna i ddim isio iddo fo wrthod mynd â fi efo fo'r tro nesaf am 'mod i'n mwydro'i ben o, nac oedd?

O! NAC OEDD!

Caeais fy ngheg yn DYNN.

Ond roeddwn i'n dal i boeni'r un fath yn union. Yna, fflachiodd gyrrwr tancer betrol ei oleuadau i ddweud wrth Twm ei fod yn fodlon iddo dorri i mewn i'r llif traffig.

BIB!

BIB!

BIIIIIIIIIIIIIIIIIIIIIIIIIIIIB!!!

Canodd Twm gorn y tacsi'n uchel i ddiolch iddo ac i ffwrdd â ni! Fuon ni fawr o dro'n mynd drwy'r pentref ac i fyny'r allt, troi i'r chwith ac ar hyd Lôn Plas i fyny ac i fyny nes dod at y giât. Neidiais allan i'w hagor. Rhuodd y tacsi drwyddi. Caeais hi a neidio i mewn. Fuon ni fawr o dro wedyn yn cyrraedd y gilfach ar ochr y ffordd lle byddai Twm yn gadael y tacsi.

Allan â ni, hel ein pethau at ei gilydd, a'i chychwyn hi drwy'r twll sydd yn y gwrych yn y fan honno, ar hyd y llwybr igam-ogam drwy'r coed i lawr at yr afon. Gallwn glywed sŵn y dŵr yn byrlymu dros y cerrig y munud y daethon ni allan o'r car. Fi oedd ar y blaen ac roedd yn rhaid i mi fod yn ofalus iawn rhag i mi faglu ar draws gwreiddiau'r coed o dan draed gan ei bod hi'n ddigon tywyll yno a'r heulwen yn gorfod sbecian rhwng dail a brigau'r coed uwchben i daflu patrymau o'n cwmpas. Clywn Twm yn bustachu dod tu ôl i mi. Llithrodd fwy nag unwaith a chael pwl o beswch. Arhosodd i roi un o'i Fferins Ffrind Pysgotwr yn ei geg cyn ail-gychwyn. Arhosais innau i wrando.

Dim smic.

Dim cyfarthiad cŵn.

Dim clec gwn.

Dim gweiddi.

Dim byd.

DIOLCH BYTH!

'Dos o dan draed, hogyn!'

Brysiais yn fy mlaen ac ymhen fawr o dro cyr-haeddodd y ddau ohonon ni lan yr afon, ac ar ôl gosod yr enwair at ei gilydd a rhoi'r abwyd ar y lein, dyna ddechrau pysgota.

8

Chawson ni fawr o hwyl ar y cychwyn. Roedd Twm fel petai ar bigau'r drain, ar ormod o frys i fynd i drafferth i gastio yn y lle iawn hyd yn oed. Yna, daliais dri brithyll, y naill ar ôl y llall. Rhai bychan oedden nhw ond roeddwn i'n ddigon bodlon. Daeth Twm i weld fy mhysgod i.

'Silidons,' meddai'n wawdlyd braidd. Edrych-odd ar ei wats—am tua'r degfed tro mewn chwarter awr. 'Deg munud eto,' siarsiodd. Doedd y pysgod ddaliodd o'i hun wedyn ddim yn ei blesio o gwbl chwaith. Roedd dau yn rhy fach a bu'n rhaid iddo'u taflu'n ôl i'r dŵr.

Roedd hi'n nosi'n gyflym, gwres y dydd wedi diflannu'n sydyn a min yn dechrau dod i'r awel —dim digon i gael gwared o'r pryfed oedd yn gwmwl uwch ein pennau chwaith. Chwifiodd Twm nhw ymaith yn ddiamynedd a dechrau hel ei bethau at ei gilydd. Roeddwn innau ar fynd ati pan glywais y sŵn: cyfarth.

Doedd o ddim yn agos iawn aton ni ac roedd yn anodd iawn gwybod i sicrwydd o ba gyfeiriad yn hollol roedd o'n dod. Curai fy nghalon yn gyflym, gyflym. Edrychais ar Twm, ond chymerodd o ddim arno iddo'i glywed o gwbl —pethau eraill ar ei feddwl, wrth gwrs.

Cododd y sŵn cyfarth yn uwch. Yn gymysg ag o clywid sŵn gweiddi ac yna CLEC!

Cododd Twm ei olygon ar hanner cau ei fag 'sgota ac edrychodd arna i.

'Wedi dal llwynog mae'n siŵr,' meddai.

Wrth i ni gerdded yn ôl ar hyd y llwybr at y tacsi roedden ni'n dal i glywed y cyfarth. Ond fel roedden ni'n rhoi'n pethau yn y tacsi, tawodd yn sydyn. Roeddwn i'n ddistaw iawn. Meddwl am rywbeth wedi cael ei ladd oeddwn i. Pawb eisio byw, yn tydyn?

Roedd Twm ar dân eisiau mynd yn ôl adref a phan oedden ni ar gychwyn dyma radio'r tacsi yn clecian a phwysodd Twm y botwm. Nain oedd yn gwarchod y ffôn.

'Ar wib, 'ngwas i!' meddai Twm. 'Elsi'n dod adref.'

Neidiodd fy nghalon i'm corn gwddw.

'Hogyn neu hogan?'

'Dim un. Rhy fuan. Maen nhw'n ei gyrru hi adref. Isio'i nôl hi. Brysia wir neu mi fydda i'n cael pryd o dafod am fod yn hir.'

68

Mae hi braidd yn brin o le i droi rownd yn y gilfach, ond fu Twm fawr o dro wrthi. Prin crafu'r cefn wnaeth o wrth daro bôn y clawdd, wedyn i ffwrdd â ni gan sgrialu mynd i lawr y lôn gul, droellog. Roeddwn i'n cydio yng ngwaelod y sedd ac yn gobeithio na fyddai dim byd yn dod i fyny'r ffordd i'n cyfarfod.

Ddaeth yna ddim.

Rownd y tro â ni a dyna lle'r oedd rhywun yn rhedeg i lawr y ffordd o'n blaenau—reit ar ganol y lôn.

'STOPIA, TWM!!!!!!!!!!!!!!' sgrechiais mewn arswyd.

Breciodd Twm yn galed:

Wiiiiiiiiiiiiiiiiiiiiiiiiiiiiiiiiiiiiiiiiiiiiiich!

Stopiodd y tacsi'n stond—dim gymaint â hyn

[   ]

cyn taro'r un oedd yn rhedeg.

Stopiodd yntau.
Troi ei ben.
A gwelais ei wyneb.
Roedd o'n crio.
Roedd o'n crynu i gyd.
John Stiw oedd o.

John Stiw yn CRIO?????????????

69

Neidiodd Twm allan o'r tacsi. Rhuthrodd ato.

'Paid â chrio, 'ngwas i,' meddai. 'Paid â chrio. Chest ti mo dy daro! Mae popeth yn iawn. Dwyt ti ddim wedi brifo! Dim ond wedi dychryn wyt ti!'

'Cau dy hen geg, y diawl dwl!' gwaeddodd John Stiw gan sgrechian crio yn uwch ac yn uwch o hyd. 'Dydw i ddim wedi brifo! Dydw i ddim wedi dychryn! Wedi colli 'nghi ydw i! Wedi colli Jim!'

9

Twm   = holi
John Stiw = ateb

(Wel, gorfod ateb am fod Twm yn cydio ynddo ac yn troi'i fraich ar ôl rhoi 'sgytfa iddo am alw enwau arno.)

CWESTIWN: Yn lle?
ATEB: Yn fan'cw.
CWESTIWN: Yn y coed?
ATEB: Ie.
CWESTIWN: Hela oeddech chi?
ATEB: (ar ôl lot o snwffian) Ie.

CWESTIWN: Hela moch daear?
ATEB: Dim.
CWESTIWN: HELA MOCH DAEAR?
ATEB: Ie. (+ sŵn rhwng sgrech a griddfan am fod Twm yn gwasgu.)
CWESTIWN: Ond beth ddigwyddodd?
ATEB: (snwff + snwff + snwff.)
CWESTIWN: BETH DDIGWYDDODD?
ATEB: Mi aeth Jim i mewn i'r ddaear.
CWESTIWN: O??????????
ATEB: Dad yrrodd o ... (lot fawr o

71

	lyncu poeri) a ddaeth o ddim allan.
CWESTIWN:	Wedi ei gladdu i mewn?
ATEB:	Ie. Dad wedi bod yn cloddio efo rhaw ond wedi methu'i gyrraedd o. Roedden ni'n ei glywed o'n crio am dipyn ond rŵan mae o wedi distewi. Wedi ei gladdu'n fywwwwwwww (sgrech, snwff snwff, SNWFF).

(John Stiw yn rhwbio'i lygaid efo'i lawes. Y pridd oddi ar ei fraich yn mynd dros ei wyneb i gyd. Golwg ofnadwy arno. Ei lygaid yn gochion fel llygaid cwningen wen a'i fochau'n stribedi fel sebra.)

Yna daeth sŵn brigau'n clecian tu cefn i ni a chlywyd rhywun yn rhegi. Baglodd Kev allan o'r coed dafliad carreg tu cefn i ni.

'Be haru ti'r jolpyn gwirion? Dwi wedi gorfod gadael y criw i ddod i weld ble'r oeddet ti,' arthiodd ar ei fab. 'Yli,' ychwanegodd mewn llais caredicach, 'mae'r criw yn gwneud eu gorau i gyrraedd at Jim.'

Ond dal i grio roedd John Stiw.

Edrychai'n druenus ac roedd gan Twm biti drosto.

'Yli di,' meddai gan droi ar Kev yn filain, 'arnat ti mae'r bai fod yr hogyn yn torri'i galon. A ddylet ti ddim fod wedi mynd ar gyfyl y moch daear yna. Meiddia di fynd ar eu cyfyl nhw eto ac mi fydda i'n rhoi gwybod i'r Gymdeithas Atal Creulondeb i Anifeiliaid.'

'Wyt ti'n fy mygwth i, Twm Tacsis?'

'Ydw! Rydw i YN dy fygwth di! Ac os na wrandewi di arna i mi ofala i y bydd y Glas yn cael clywed dy hanes di! Dy HOLL hanes di. Ti'n cofio'r noson buost ti'n dathlu dy lwc ar y Grand National, Kev?'

Ac edrychodd Twm i fyw ei lygaid am un munud hir, hir.

Gwelais Kev yn gwelwi.

Edrychai Twm yn fodlon iawn.

'Hynna wedi mynd â'r gwynt o dy swigen di, yn tydi?' meddai.

Roedd o'n iawn. Edrychai Kev yn UNION fel balŵn wedi bod yn hongian am ormod o amser —wedi mynd yn llipa ac yn feddal ac yn grychiadau i gyd.

'Cofia di y byddai'n rhaid i ti dalu dirwy drom am hela anghyfreithlon, a dwn i'm be wnâi'r Glas petaen nhw'n gwybod i ti yrru dy dacsi ar ôl yfed potelaid o wisgi.'

Llyncodd Kev ei boeri.

'Mi gollet ti dy drwydded yrru, heb sôn am dy drwydded dacsi, boi bach.'

Agorodd Kev ei geg yn wan.

Caeodd hi drachefn.

'Ac mi fydda i'n rhoi gwybod i'r Glas—y

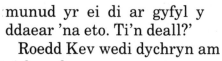

munud yr ei di ar gyfyl y ddaear 'na eto. Ti'n deall?'

Roedd Kev wedi dychryn am ei fywyd.

KEV WEDI DYCHRYN.

ARWYN

Nodiodd yn fud. Fedrai o ddweud yr un gair o'i ben. Dim ond sefyll yn y fan honno a'i ben yn siglo i fyny ac i lawr. 'Mi fydda i'n cadw llygad arnat ti. Fi a chriw'r Clwb 'Sgota. Mi fyddwn ni'n edrych dros d'ysgwydd di ddydd a nos. Ddydd a nos. Cofia di hynny!'

TWM: (Mewn llais ffeind wrth John Stiw) Ty'd, 'ngwas i. Gei di ddod adref efo ni. Dwyt ti ddim mewn ffit stad i gerdded yr holl ffordd ar ôl styrbio fel yna. Agor y drws cefn iddo fo, Arwyn.

FI: Bechod, John Stiw. Bechod dros Jim.

(John Stiw yn baglu i mewn i gefn y tacsi gan rwbio'i lygaid a snwffian o hyd. Finnau'n cau'r drws cefn arno, yn neidio i'r ffrynt at Twm, ac i ffwrdd â ni.)

Doedd dim gair am geiniog i'w gael gan John Stiw ar hyd y ffordd adref. Wel, chwarae teg. Doedd dim disgwyl iddo fo fedru dweud llawer nac oedd? Roeddwn i a Twm yn ddistaw hefyd.

'Hei!' meddai Twm yn sydyn gan ryw hanner troi ei ben i'r cefn i siarad efo John Stiw, 'Hei! Beth am y moch daear?'

Dim ateb o'r cefn.

Felly, dyma fi'n troi 'mhen i edrych ar John Stiw.

Doedd o ddim yno!

Synnwyr yn dweud na fedra fo ddim bod wedi mynd i unman a'r tacsi'n mynd fel fflamiau ar hyd y ffordd fawr a ninnau bron â chyrraedd adref! Troi (â chryn anhawster oherwydd y belt). Hanner codi ar fy mhenliniau gystal ag y medrwn i i edrych i'r sedd gefn. Pen John Stiw yn dod i'r golwg wrth iddo godi fel petai wedi bod yn ymbalfalu o dan y seddau blaen. Bechod! Mae'n siŵr mai wedi plygu i lawr i guddio'i wyneb rhag i mi a Twm weld mwy o ddagrau roedd o . . .

'Beth am y moch daear?' holodd Twm wedyn. 'Ddalioch chi nhw?'

'Naddo.'

Oedd o'n dweud y gwir?

Syllais ar ei hen wyneb main, sinachlyd. Ew! Dyna falch roeddwn i. Roeddwn i bron yn siŵr ei fod o'n dweud y gwir. Gwrandewais ag un glust ar Twm yn rhoi pregeth i John Stiw ar greulondeb mynd i hela anifeiliaid diniwed fel moch daear dim ond o ran hwyl.

'Pobl i fod i warchod anifeiliaid, nid gwneud iddyn nhw ddioddef,' meddai'n bendant.

'Roeddet ti'n swnio'n union fel Nain!' pryfociais ar ôl i John Stiw fynd allan o'r tacsi (heb hyd yn oed ddweud diolch am gael reid) a'n gadael ni'n dau ar ein pennau ein hunain.

Gwnaeth Twm ryw sŵn rhyfedd tebyg i rochian yn ei wddw.

'Gwadna hi adref,' meddai. 'A chadw dy hen ddwylo blewog oddi ar fy mhysgod i! Dwisio'r rheina i swper!'

'Gen i ddigon fy hun. Rhai gwell!' atebais gan fachu fy ngenwair a chydio yn fy mag pysgod cyn neidio o'i ffordd pan gynigiodd gelpan i mi. Fel yna, neu rywbeth yn debyg i hynna, fydden ni'n gwahanu bob amser ar ôl bod yn 'sgota!

10

Roedd y tacsi tu allan y tro nesaf yr es i i dŷ Twm i edrych sut roedd pethau. Elsi ddaeth at y drws. Edrychais yn syn arni, ar ei hwyneb i ddechrau ac wedyn ar ei bol.

Roedd o'n dal yn ANFERTH!!!!!!!!!!!!!!!!!!

Fel petai hi bron â byrstio !!!!!!!!!!!!!!!!!!!!

Chwerthin wnaeth hi pan welodd fi'n edrych arno.

76

'Na! Dydi'r babi ddim wedi cyrraedd!' meddai hi.

'Ond . . .'

'Poenau gwynt oedden nhw. Nid poenau'n dweud fod y babi ar ei ffordd. Mae'n rhaid 'mod i wedi bwyta rhywbeth oedd ddim yn dygymod â mi.'

'Ond pryd mae o'n dod?'

'Unrhyw funud, 'ngwas i. Unrhyw funud!' atebodd Twm.

Eisteddai wrth y bwrdd yn llenwi ei gwpon pŵls.

'Dwi wedi cymryd amser i ffwrdd o 'ngwaith,' eglurodd gan stwffio'r cwpon i'r amlen. 'Yli, picia â hwn i'r post i mi.'

'Sws i gwpon Dad!' meddai wrth Tracy a Mandy.

Llyfodd y ddwy'r amlen yn ufudd—gan fod yn gas gan Twm flas y glud ar ei dafod. Ond roedd Tracy wedi bod yn bwyta tôst a jam coch ac ar hyd ceg a bochau Mandy roedd ôl siocled.

'Ych!' meddai Twm pan welodd o'r amlen. 'Sodra di hi yn y bocs llythyrau gynted fyth ag y medri di, boi! Hei lwc! Ella y bydda i'n lwcus!'

Eisteddodd Elsi i lawr wrth y bwrdd yn sydyn.

'Beth wyt ti'n mynd i wneud efo'r pres gei di os byddi di'n lwcus, Twm?' pryfociais.

Pwysodd Twm ymlaen a rhoi ei law ar fol mawr Elsi.

77

'Talu am wyliau i ni i gyd yn yr Alban. Aros mewn gwesty crand. Elsi a'r genod yn cael mynd i siopa a ni'n dau, yr hogyn a fi, yn mynd i 'sgota samon. Mynd â fo . . .'

'Twm . . .' meddai Elsi.

Chymerodd o ddim sylw.

'. . . i 'sgota môr yn America . . .'

'Dwi'n meddwl . . .' meddai Elsi.

'. . . i ddal siarc . . .'

Edrychais ar Elsi. Roedd hi'n ceisio dweud wrth Twm ei bod hi'n llawer rhy fuan i feddwl sôn am fynd â'r babi i 'sgota. Oedd siŵr iawn! Roeddwn i'n gwybod hynny. Ond roedd cael Twm i ddeall yn fater arall . . .

'. . . a phrynu'r gêr pysgota gorau UN . . .'

Neidiodd Twm ar ei draed.

'Mae gen i gatalog yn rhywle . . .'

Agorodd Elsi ei cheg.

'Gwranda am funud bach, Twm . . .'

'Mi fasat ti'n hoffi gwesty crand, yn basat, blodyn tatws? Lle mae'r catalog yna? Dwi'n gwybod ei fod o yn fan'ma yn . . .'

Cododd Elsi ar ei thraed.

'Estyn y cês yna i mi, Arwyn,' meddai hi.

Edrychais i'r un cyfeiriad â hi. Roedd y cês wrth ymyl y teledu.

'I beth?'

'A wyddost ti beth arall wnawn ni, Els? Mi gaet ti a'r genod . . .'

'I fynd i'r ysbyty.'

Stopiodd Twm. Trodd ei ben ac edrych arni'n gegagored.

'Ti'n siŵr?' gofynnodd yn amheus. 'Ti'n siŵr y tro yma?'

'Yn berffaith siŵr.'

Doedd dim amser hyd yn oed i ffonio Magi gwraig Ned i ddod i warchod y genod.

'Sodra nhw yng nghefn y tacsi! Gei di aros efo nhw!' meddai Twm yn wyllt. 'Meiddia di fynd â 'nghadael i rŵan!' gwaeddodd pan wnes i osgo i fynd adref.

Fe gychwynnon ni ar wib, fi yn y cefn efo'r genod ac Elsi yn y ffrynt efo Twm.

'Brysia, Twm,' meddai hi wedi i ni gyrraedd y ffordd fawr a'r graean yn sgrialu o dan y teiars wrth i ni fynd rownd y tro ar ddwy olwyn.

'Dwi'n meddwl fod y dŵr wedi torri!' meddai hi ymhen ychydig bach wedyn.

Saethodd y tacsi ar hyd ffordd osgoi'r dref.

'Dwi'n meddwl ei fod o'n dŵad!' meddai hi fel roedden ni'n fflachio fel mellten tuag at fynedfa'r ysbyty.

Gyrrodd Twm fel taran a stopio'n stond o flaen y drws. Neidiodd allan i nôl help a'r cip olaf ges i arno oedd yn rhedeg wrth ochr y stretsiar ac yn diflannu fel roedden nhw'n rowlio Elsi i mewn drwy'r drws.

Roedd Tracy a Mandy wedi dychryn gormod i symud na siarad ar hyd y ffordd. Dydw i ddim yn meddwl eu bod nhw'n deall yn iawn beth oedd yn digwydd. Ond unwaith y diflannodd Twm ac Elsi dechreuodd y ddwy grio a dyna lle bûm i am hydoedd yn ceisio'u diddanu nhw. Doedd gen i ddim amser hyd yn oed i boeni ai hogyn neu hogan fyddai'r babi.

11

'Hogan!' meddai Twm pan ddaeth o allan ymhen sbel. 'Genod, 'dach chi wedi cael chwaer! Dyna i chi lwcus!'

Roedd y ddwy wedi rhedeg i'w gyfarfod y munud y gwelson nhw fo'n dod. Dyna sut roeddwn i wedi llwyddo i'w cadw nhw'n o lew o ddistaw: dweud wrthyn nhw am wylio Dad yn dod drwy'r drws mawr, mawr a chyfri faint o ddynion oedd yn dod drwy'r drws mawr, mawr, a faint o ferched oedd yn dod allan drwy'r drws mawr, mawr, a faint o nyrsys oedd yn dod allan drwy'r drws mawr, mawr!

Efo Tracy y ces i'r drafferth fwyaf.

'Tap Mam 'di torri!' bloeddiodd. 'Tap mam 'di tooooooooooooooooooorri!'

Bûm yn hir braidd yn deall beth roedd hi'n ei feddwl. Yna, sylweddolais beth ddywedodd Elsi yn y tacsi.

'Isio tap i Mam!' sgrechiodd.

'Gwranda, Três, dydi Mam ddim isio tap 'sti.

Ti'n gwybod fod y babi bach yn ei wely ym mol Mam?'

Tracy'n nodio.

'Roedd 'na ddŵr yn y gwely i'w gadw fo'n esmwyth braf. Ond rŵan mae o'n dod allan o fol Mam a dydi o ddim isio'r dŵr felly dim ots fod y dŵr wedi dod o'no.'

Tracy'n stopio sgrechian, yn llyncu'i phoeri.

'Nac 'di?'

'Nac 'di. Wir rŵan.'

'Dim ots fod tap 'di torri?'

81

'Nac 'di.'

Tracy'n rhoi ei bawd yn ei cheg.

Tawelwch. Diolch byth!

Byddai Twm yn siŵr o fflamio pan welai o'r ffenestri—smuch trwyn ac ôl dwylo budron drostyn nhw i gyd.

Neidiodd y ddwy i'w freichiau a chododd nhw i fyny gan eu chwyrlïo'n uchel i'r awyr y naill ar ôl y llall. Dydw i ddim yn meddwl fod yr un o'r ddwy yn deall yn iawn beth oedd ystyr 'cael chwaer', ond am fod Twm mor gyffrous ac yn chwerthin mor harti ac yn dweud eu bod nhw'n lwcus, roedden nhw'n deall fod rhywbeth braf wedi digwydd ac roedden nhw'n chwerthin yn fodlon.

Syllais ar Twm.

'Ym . . .' meddwn i. 'Ym . . .???????????????'

Roeddwn i WRTH FY MODD ei fod o wedi cael *hogan*—ond beth oedd yn bod arno fo? Pam y newid sydyn?

'Tlws oedd hi cofia!' eglurodd. 'Yn ddel ddigon o sioe! DIGON O SIOE! Fel tywysoges fach! Fy nhywysoges fach i ac Els! Doedd hi ddim yn goch nac yn grebachlyd fel y bydd rhai babanod newydd eu geni. Gwallt du yn ffitio fel cap dros ei phen bach hi i gyd ac yn cyrlio dros ei thalcen hi. Llygaid mawr, mawr glas. Mi edrychodd i fyw fy llygaid i gan gydio'n dynn fel gelain yn fy mys bach. Dweud wrtha i'n syth ei bod hi'n fy nabod i, yn gwybod mai fi oedd ei thad hi! Yn werth y byd yn grwn gyfan!'

Roedd o wedi gwirioni!

Wedi dotio!

Wedi mopio'n lân!

Ac yntau wedi dyheu gymaint am hogyn!

Roeddwn i wedi mynd yno efo cerdyn ac anrheg i'r babi y diwrnod roedden nhw'n dod adref o'r ysbyty. Magi gwraig Ned oedd yno'n gwarchod a dyna lle'r oedd y genod a'u trwynau wedi gwasgu'n fflat ar wydr ffenest y gegin ffrynt am y cyntaf i geisio gweld y tacsi'n dod rownd y gornel.

Ond fi welodd dacsi gyntaf.

Car Kev—ac fe stopiodd yn union o flaen tŷ Twm!!!!!!

Prin y medrwn i gredu fy llygaid fy hun. Cefais fwy o sioc fyth pan welais pwy ddaeth allan o'r cefn.

ELSI!!!!

'Gafael yn hon!' gorchmynnodd yn swta.

Sodrodd y babi yn fy mreichiau wrth sgubo i mewn i'r tŷ i nôl arian. Roedd hi wedi talu i Kev ac yntau ar gychwyn ymaith pan gyrhaeddodd Tacsi Twm. Pwysodd Kev allan drwy ffenest agored ei gar a dechrau rowlio chwerthin; chwerthin a chwerthin nes bod dagrau yn rhedeg i lawr ei fochau. Sychodd nhw ymaith â chefn ei law gan ysgwyd ei ben yn dosturiol ac edrych ar Twm . . .

Edrychai Twm yn ddigon peth'ma. Doedd Elsi ddim yn chwerthin—a doedd y ddau ddim yn siarad efo'i gilydd chwaith.

'Y fath ddrewdod!' wfftiodd Elsi. 'Disgwyl i mi ddod â'r hogan fach adref yn y fath ogla afiach. AFIACH!'

'Ond chlywa i ddim ogla drwg,' mynnodd Twm druan mewn llais truenus wedi i Magi gwraig Ned gydio yn y babi a mynd â hi i'r tŷ a Tracy a Mandy yn gweiddi,

'Ga i weld! Ga i weld!'

ac yn neidio i fyny ac i lawr fel pethau gwylltion o dan draed wrth ei hochr.

Es draw at y tacsi. Agorais y drws cefn. I mewn â mi.

Fûm i fawr o dro'n neidio allan.

'PWWWWW!'

Bu bron i mi â chyfogi.

Sut yn y byd mawr roedd Twm yn medru dioddef bod i mewn yn y tacsi?

Safai yno'n tisian ac yn edrych arna i'n hurt. Dechreuodd besychu. Estynnodd ei hances boced a chwythu'i drwyn.

'Beth oedd yn bod ar Elsi, dywed? Yr hen hulpan wirion iddi!' cwynodd.

'Gwranda, Twm. Doedd dim bai ar Elsi. Wir rŵan!'

'Dim bai?'

'Dim bai o gwbl. Mae 'na rywbeth yn drewi'n ddychrynllyd yn y tacsi 'na.'

Edrychodd Twm yn hurt arna i.

'Wir?'

'Wir! Wir yr! Mae gen ti annwyd yli. Dyna pam nad wyt ti ddim yn clywed yr ogla 'na.'

'O!'

'Peth rhyfedd na fasa pobl wedi cwyno.'

'Dim ond un ddynes godais i heddiw. Mynd â hi i gael gwneud ei gwallt.'

'O!'

'Doedd hi ddim isio i mi alw i'w nôl hi i fynd adref, meddai hi.'

'Ti'n gwybod pam rŵan!'

'Ond be gebyst sy'n drewi!'

'Gei di chwilio!'

I mewn â Twm i gefn y tacsi. Plygodd ar ei benliniau a dechrau chwilio pob twll a chornel. Cododd ei ben i egluro ei fod yn clywed yr ogla drwg bellach ond na fedrai o yn ei fyw weld PAM roedd yno ddrewi . . .

'Wela i ddim byd!'

Dyna lle'r oedd o â'i ben i lawr. Wrth ei weld o felly, canodd cloch fechan ym mhen draw fy mhen.

Allan â Twm. At y drws â mi.

PWWWWWWWWWW!

'Twm . . .'

'Ie?'

'Dwisio . . .' Edrychais i gyfeiriad tŷ Twm.

'Be?'

Gwelais y lein ddillad yn yr ardd gefn. Dim dillad arni ar y funud. Dim ond llond dwrn o begiau. Rhuthrais i nôl un. Sefais ger drws y tacsi. Rhoddais y peg ar fy nhrwyn.

AWTSH!!

Roedd o'n pinsio fel yr andros!!!!!!!!!!!!!!!!!!!!!!

Clywais Twm yn chwerthin ei hochr hi fel roeddwn i'n deifio i mewn i'r cefn. Dechreuais ymbalfalu o dan y seddau blaen—dim byd ond rhyw bapurau fferins o dan y gyntaf. Fel

86

roeddwn i'n dynesu at yr ail roedd y drewdod
yn waeth—er gwaethaf y peg.
Roedd o'n OFNADWY.

12

Gwyddwn beth oedd o cyn i mi ei weld. Cydiodd
fy mysedd yn dynn ynddo. Tynnais ef allan.
YCH-A-FI!!!
Daliais ef yn fy mys a'm bawd cyn belled o'm
trwyn fyth ag y medrwn i a mynd allan wysg fy
nghefn.
''Sgodyn!' gwaeddodd Twm mewn rhyf-
eddod.
'Dan y sedd flaen!'
'Sut gebyst aeth o i fanno?'
'Meddylia di i bwy roist ti reid! Oes raid i ti
ofyn?'
Ond roedd y drewi'n OFNADWY.
YN ERCHYLL,
YN DDYCHRYNLLYD,
YN HOLLOL, HOLLOL, *AFIACH*!!!!!!
Doedd arna i ddim eisiau dal 'ngafael arno
am yr un eiliad yn hwy nag oedd raid. Edrych-
ais o'm cwmpas yn wyllt . . .
A . . .
chyda hynny o nerth bôn braich ag a oedd gen
i . . .
lluchiais yr hen 'sgodyn drewllyd . . .

cyn belled i ffwrdd fyth ag y medrwn i . . .
I GYFEIRIAD
TŶ JOHN STIW!!!!!

Roedd hi'n digwydd bod yn ddistaw ar y funud.

Dim sŵn plant yn chwarae. Dim sŵn traffig. Dim sŵn cŵn yn cyfarth.

Gwyliais y 'sgodyn yn teithio'n gylch drwy'r awyr—ac yn glanio
PLOP!!!
yn rhywle yng ngardd John Stiw.
TAWELWCH LLETHOL.
ac wedyn . . .

ac wedyn . . .
ac wedyn . . .
DECHREUODD TWM CHWERTHIN:
  'HA! HA! HAAAAAAAAAAAAAAAAA!'

Ac unwaith y dechreuodd o, doedd o ddim yn stopio. Roedd o fel dŵr yn rhedeg allan o'r bàth am hir, hir, HIR!!!

Pwysai ar fonet y tacsi yn chwerthin ac yn chwerthin a'r dagrau yn rowlio o'i lygaid. Tynnais innau'r peg oddi ar fy nhrwyn gan feddwl fod John Stiw yn union fel ei gi—wedi brathu'r llaw oedd yn ei fwydo. Neu . . . neu . . . roedd y ci yn union fel John Stiw. Maen nhw'n dweud fod cŵn yn mynd yn debyg i'w meistri, yn tydyn?

Daeth Magi gwraig Ned allan i'r ardd ac edrych braidd yn hyll arnon ni'n dau.

'Twm!' meddai hi. 'Ty'd i'r tŷ. Mae Elsi yn ceisio meddwl am enw i'r hogan fach 'ma.'

Sychodd Twm ei lygaid.

''Sgin i ddim syniad,' meddai gan edrych arna i.

Meddyliais am funud.

'Tara.'

'Tara?'

'Ie . . . wel, fe yrraist ti fel taran i'r ysbyty, do?'

'Do! Hei! Aros yn fan'na am funud bach!'

89

Diflannodd i'r tŷ. Daeth yn ei ôl mewn dau funud. Yn ei law roedd genwair.

'Elsi'n ei hoffi o.'

'Hoffi be?'

'Yr enw. Enw iawn meddai hi. Dyna fydd ei henw hi!'

Prin roeddwn i'n gwrando. Syllwn ar yr enwair. Roedd hi'n newydd sbon.

'I ti!' meddai Twm a'i sodro hi tuag ata i. Cydiais ynddi fel un mewn breuddwyd.

'I mi??????'

'Am llnau'r tacsi ac am feddwl am enw. Fydd Tara ddim eisio genwair, na fydd? Ti'n gwybod yn iawn na cha i byth ddysgu'r genod i 'sgota gan Elsi. Dwisio i ti ei chael hi!'

Syllais ar yr enwair.

Fy ngenwair i.

Genwair newydd sbon.

Genwair UNION fel roedd arna i'i hisio!!!

Byddwn yn siŵr, yn berffaith siŵr, o ddal digon o bysgod i gael cynrychioli'r clwb rŵan.

HEI! Fyddwn i fawr o dro na fyddwn i'n pysgota dros Gymru!

Roedd hi'n nosi'n gyflym ac i ffwrdd â mi am adref gan gydio'n dynn yn yr enwair. Cofiais am rywbeth.

Roedd o YN rhif lwcus. Lwcus i MI! Roeddwn i wedi meddwl tybed fyddai o'n lwcus i Twm ac Elsi, ond roedd o wedi bod yn lwcus, LWCUS I MI!!!!!!!!!!!!! Oedd! Meddyliais am rywbeth arall hefyd—cwpon pêl-droed Twm. Gobeithio ei fod wedi mynd bellach! Hei lwc iddo fo!

Cyrhaeddais dŷ John Stiw. Roedd cawell Jim druan yn wag a phobman yn llonydd; llenni ffenest y gegin ar gau a sŵn teledu i'w glywed oddi mewn. Yn ei chawell roedd y dylluan yn hedfan yn ôl ac ymlaen yn anniddig. Clywais hi'n hwtian . . .

TW   WHIT

   TW   HWWWWWWWWWWWWWW HWWWWWWWWWWWWWWWWWWWWWW HWWWWWWWW HWWW HWWWWW!!!!

a'i hadenydd yn taro'r cawell yn druenus cyn syrthio i'r ddaear a llusgo codi wedyn i fynd i glwydo'n siomedig ar y mymryn brigyn tila a osodwyd yng nghornel y cawell fel clwyd iddi. Pwt o frigyn moel a'r dail wedi hen grino oddi arno—pan ddylai fod cysgod deiliog canghennau llydan y goedwig drosti.

Stopiais.

Cip sydyn dros f'ysgwydd.

Llithrais drwy gysgodion cefn y tŷ at y giât gefn.

Fûm i fawr o dro yn ei hagor. Sleifiais ar hyd llwybr yr ardd. Cyrhaeddais y cawell. Gafaelais yn y follt—ac agor y drws.

Brysiais yn ôl heibio'r tŷ ar flaenau 'nhraed a rhedais adref.

Rhoddais yr enwair yng nghornel fy llofft. Hi fyddai'r peth cyntaf a welwn pan agorwn fy llygaid drannoeth. Hi oedd y peth olaf a welais cyn syrthio i gysgu. Ond y sŵn olaf a glywais oedd sŵn tylluan yn hwtian yn rhywle yng nghoed Plas y Glyn ac roedd o'n wahanol i bob sŵn tylluan a glywais i erioed o'r blaen. Doedd o ddim yn oer nac yn drist nac yn arswydus braidd fel y bydd sŵn hwtian tylluan. Swniai'n gynnes ac yn llawen iawn.

Teitlau eraill yng nghyfres Cled: